人類何以陷入戰爭

李德哈特的歷史哲學

李德哈特
Sir B. H. Liddell Hart

Why Don't
We Learn from History?

鈕先鍾——————譯
揭　仲——————審定、推薦

◆ 目錄 ◆

第三章 戰爭與和平：當代的省思與建言

War and Peace

推薦序　揭仲（淡江大學國際事務與戰略研究所博士）

為何不向歷史學習？

「戰略研究必須以歷史經驗為基礎」，是恩師、已故戰略研究宗師鈕先鍾教授在其著作《歷史與戰略：中西軍事史新論》中，開宗明義的第一句話，道盡了戰略研究與歷史間緊密的關係。誠如鈕老師所言：「歷史學家雖不一定即為戰略學家，但戰略學家卻似乎必然是一位業餘的歷史學家」。而鈕老師在這本《歷史與戰略》全書第一段的結尾，剛好就提到李德哈特的這本書：*Why Don't We Learn from History?*。[1]

《人類何以陷入戰爭：李德哈特的歷史哲學》（舊稱《為何不向歷史學習？》）是鈕老師生前常常推薦的書，不論是在文章內或課堂上。事實上，我第一次聽到這本書，就是在老師位於台北市和平東路巷內某棟舊式公寓二樓的自宅客廳內；當時已年近八十歲的老師，在不久前的車禍意外中受傷，無法前往金華街的淡江大學城區部，學校遂特准學生前往老師家中上課。在老師家不太大的客廳內，班上十餘位同學或站或坐、圍繞老師成一個不太標準的半圓形；老師則坐在落地窗前的一張扶手椅上，叮囑同學除了上課指定閱讀的專書外，也應該要自己去找這本書來看，並再三強調：「這本書篇幅不大、讀起來並不費力，卻值得一讀再讀」。雖然距現在已經有二十多年了，但我依稀記得當時老師在講這些話時，全身沐浴在陽光中，下巴微微上揚，右手朝上伸出、還不時揮舞著手掌。現在回想起來，不由得有一種神聖的感覺。

李德哈特與本書

依照鈕老師在其大作《西方戰略思想史》中的敘述，李德哈特在晚年時決定將其全部精力都放在史學方面，因為那是他最感興趣的學術領域。而這本《人類何以陷入戰爭》，雖最早成書於一九四四年，主題則是李德哈特有關歷史反省的專書。但是在李德哈特晚年，有感於人類在很短的時間內竟又重蹈覆轍，所以重新對這本舊書作了許多修改與增補。在李德哈特於一九七〇年逝世後，由其子亞德里安將這些遺稿完成整理，並於

1 鈕先鍾教授主持的軍事譯粹社，於一九七七年四月初版，一九八七年六月再版，並命名本書《為何不向歷史學習？（殷鑑不遠）》（*Why Don't We Learn from History?*）。

一九七一年重新出版，因此是李德哈特真正的遺作，更是其畢生研究歷史的爐火純青之作。尤其難得的是，在這本篇幅有限的「小書」中，不但處處蘊藏著深刻的哲學體會與智慧結晶，卻又十分淺顯易懂。

《人類何以陷入戰爭》全書分為三章，章名分別是「歷史與真實」、「政府與自由」和「戰爭與和平」；但依個人淺見，全書其實主要探討三個主題：為何要研究歷史、如何研究歷史，與李德哈特基於歷史研究，對所處時代所面臨問題的省思與建言。

為何要研究歷史

當前，「戰略研究必須以歷史經驗為基礎」這個說法，已經遭到不小的質疑。許多人認為現在的國際局勢已經太複雜，包括社群媒體與資訊化等前所未有之新變數所產生的影響越來越大；因此，研究以往的歷史，對現今人類社會所面臨的種種問題已經沒有太多的參考價值。在課堂與戰略社群中，也不乏有人主張，只有第一次波斯灣戰爭（一九九〇年八月二日至一九九一年二月二十八日）後的戰史，還有一定的參考價值，其他像第二次世界大戰、甚至拿破崙戰爭的歷史，除了追求學院內的學術成就和滿足個人求知慾外，並無多大用處。

針對「為何要研究歷史」這個關鍵問題，李德哈特在這本《人類何以陷入戰爭》的第一章中，就明確指出，歷史的貢獻在於：

> 作為一個「指標」，歷史的用途是有其限制的，因為它雖然能指示我們以正確的方向，但卻不能對道路情況提供明細的資料。但作為一個「警告牌」的消極價值卻是比較確定。歷史可以指示我們應該「避免」什麼，即令它並不能教導我們應該做些什麼——它的方法是指出人類很容易造成和重犯的某些最普通的錯誤。

李德哈特的這段話，其實點出對歷史研究之價值持懷疑態度的人士，所犯的根本性錯誤，就是他們多少希望能直接從歷史中找到答案或藥方，最起碼是解開謎題的重要線索。然而，「戰略」是一種思想方法（a method of thought），是一種綜合性的思考程序，以最後目標和最高路線為起點，並以此作為制定計畫與採取行動的指導。好比當你身處在一座陌生的森林中時，「戰略」這個思想方法並不會直接給你一張地圖，而是幫助你思考先要避免犯哪些錯誤，然後再幫助你思考該注意或掌握哪些因素，最終自己規劃出離開森林的方法。

而要培養、訓練出這種思想方法，是不可能靠憑空想像，必須經過許多的個案研究，而歷史正是這些個案。因此，李德哈特在闡述了歷史的貢獻後，隨即又指出，對每個個人而言，都有「兩種形式的實際經驗存在」，即「直接經驗」與「間接經驗」；並指出兩者之間，間接的實際經驗也許還更有價值，因為它的範圍遠較廣泛。李德哈特更進一步強調：

> 歷史為宇宙的經驗——不僅只是另外一個人，而是許多其他的人在各種不同條件之下的經驗。

為何不向歷史學習？

至於每個個人所能獲得的直接經驗，李德哈特認為其範圍和可能性總還是非常有限，無論對理論或應用都不足以構成一種適當的基礎。換言之，歷史實為戰略研究、甚至國際政治研究的土壤和基礎。

事實上，《孫子》中許多迄今仍令人津津樂道的微言大義，例如「兵者，詭道也」、「昔之善戰者，先為不可勝，以待敵之可勝」、「凡戰者，以正合，以奇勝」；與《戰爭論》中最常被引述的名言：「戰爭不過是政策（治）用其他手段的延續」和「摩擦」等，絕非憑空出現在孫武與克勞塞維茨的腦海中；而是它們基於對許多次戰爭、戰役、會戰與戰鬥的研究，所誕生的心血結晶。在二十多年前鈕老師的客廳中，老師就曾推斷流傳至今的《孫子》，可能只是一套軍事教材中的「精華摘要」，在失傳的其他內容中，應該包括對許多戰史個案的探討。至於《戰爭論》，除了第一篇第一章在克勞塞維茨突然去世前算是真正定稿外，其他絕大多數還是處於初稿的狀態，其中就包括大量對戰史的探討。李德哈特最有名的「間接路線」，也是來自他對三十場戰爭，包括二八〇多場戰役在內的研究。

如何研究歷史

在闡述完「為何要研究歷史」後，李德哈特接著又嘗試對「如何研究歷史」提出個人的建議。

李德哈特雖然不是一位受過標準史學教育的學院派史學家，但其治學態度的嚴謹並不遜於一般的專業學者。尤其難能可貴的是，針對以戰略與國際政治為研究目的之「業餘歷史學家」，李德哈特在書中提出許多應該要避免的因素，和若干應該要注意的現象，包括：

1. 偶然因素的重要性。李德哈特甚至還舉了一個非常傳神的例子，就是「午餐時間」的極端重要性。
2. 影響國家命運的大事，其決定性的基礎往往不是平衡的判斷，而是衝動的情緒，以及一種低層級的個人考量。
3. 許多文獻都是為了欺騙和掩飾的目的而寫的。而幕後的鬥爭則很少能有文字的紀錄，但它們卻往往能對問題產生決定性的作用。

4. 對於歷史證據的處理，凡是自我表揚的言論，應該對其採取挑剔懷疑的態度，凡是自我認罪的言論，則大致應可信賴。

5. 當某人讀到或聽到任何對他感興趣事物的批評時，請注意他所提出的第一個問題是否與這種批評的公正性和真實性有關，還是僅帶著強烈的情緒。

6. 若某人判斷一種觀念時，所注意的不是觀念本身的優劣得失，而是先看作者是誰；假使他批評某種觀念是「異端」；假使他認為權威總是對的；假使他把某種特殊批評當作是公開的貶抑來看待；假使他把意見與事實混為一談；假使他宣稱任何意見的表達是「毫無疑問」；假使他宣稱某些事情是「永遠不會」出現，或是某種觀點是必然正確的，則這個人的態度也就是非科學化的。

7. 在一切妄想中最危險者，莫過於以對幻想中的民族與軍事精神有利為由，來偽造歷史。李德哈特甚至強調，「那些已經在這個妄想中吃過大虧的人，卻顯示他們還願意在這方面吃更多的虧」。

8. 歷史如果加上了「官方」的頭銜，也就自然有其被「保留」之處；若再加上一個「軍事」的頭銜，那也就無異於暗示應加倍的保留。從對「歷史」的歷史研究上，可以充分的證明早在應用於戰場前，偽裝術就已經在歷史領域中有高度的發展。

9. 許多困難的根源，都出自我們在各方面都有的壞習慣，就是對明知為真的事實，卻偏要加以隱蔽或曲解，其理由是效忠於一種思想、一種雄心，或是一種制度。

10. 「忠誠」已經變成一種虛偽的客氣話，其實際內容也許等同於「一種上下相欺的騙局」。

11. 在官方組織中，喬裝絕無錯誤可說是本能。任何對當政者的批評常常會受到自以為是的駁斥，但歷史卻又一再證明這些批評常常都是對的。

12. 任何因素都可能同時造成正反兩面的影響，而這種矛盾的牽扯很難解決。為說明這種影響，李德哈特指出：在戰爭壓力之下，信心對於軍人是如此重要，所以軍事訓練要養成一種絕對服從的習慣，但這種習慣又會培養出一種對現行思想（教條）作無條件接受的態度。又，在任何活動中，都不像在軍人的活動裡，樂觀對成功是如此必要，因為軍隊所應付的大部分都是未知數——甚至死亡，但樂觀主義與盲目愚行間的差異是很難分辨的。

這十二項應該要避免的因素和應該要注意的現象，對「如何研究歷史」這個主題所產生的效果，也像李德哈特自己所形容的「警告牌」一樣，指示「業餘歷史學家」們應該「避免」什麼；就是先幫助你思考要避免犯那些錯誤，然後再幫助你思考該注意或掌握哪些因素。也許李德哈特深知對「業餘歷史學家」們而言，正面的說明，例如「研究歷史應該有一種科學化的研究精神：但對於事實的解釋卻不可能沒有想像和直覺的幫助」，和「探索是應該力求客觀，但選擇卻是主觀的；不過其主觀性是可以、而且也應該用科學的方法和客觀性來加以控制」，是太過抽象與難以體會；不如透過淺顯易懂的敘述與傳神的例證，讓「業餘歷史學家」們對該避免與注意的事項能一目了然，從而培養出自己的眼光。

對所處時代重要問題的省思與建言

本書在這個主題上，又可再區分為兩個子題：第一是對民主制度與專制主義的比較分析，第二則是討論戰爭為何爆發與如何避免戰爭爆發。這無疑是受到自第二次世界大戰結束後到一九六〇年代末，以美國與英國為首的民主陣營（當然也包括中南美洲與亞非許多專制國家），與以蘇聯為首的共產極權陣營，進行激烈政治對抗的影響。而美蘇兩大超級強權同時坐擁數量龐大的核武，使人類文明隨時處在毀滅的風險之中。相信就是這種人類有史以來前所未有的嚴峻情勢，才使李德哈特決定對一九四四年的舊作重新增補修訂，以提醒世人記取歷史的教訓，不要再犯前人一再犯的過錯，並對人類究竟該如何做才能化險為夷，提出自己的建議。而這本《人類何以陷入戰爭》，也就真正成為大師的「天鵝之歌」。

雖然現今的世界局勢，與李德哈特修訂本書時，已經有了很大的變化。但李德哈特在分析過程中，基於其對歷史的長期研究，所提出許多的觀察，對如何避免在這個時代中重複犯下過去人類常犯的過錯，仍舊非常有價值。例如民主制度雖然比較缺乏效率，也常使第一流的人才出不了頭；但若採取專制主義，雖然在執行某些工作時效率較高，但其基本缺陷終究還是會演變成「愚昧的勝利」；因為有才能的人必須付出不誠實的代價，才能保持他們的地位與人身安全，到最後就是對許多明顯、迫在眉睫的錯誤與危機故意視而不見，或是有意的曲解，從而逐步走向失敗。

又例如在分析戰爭是如何製造與爆發時，李德哈特指出除了經濟、政治與宗教等因素，「較深入和較具決定性的因素，卻還是來自人性」，其中不乏衝動的情感和低層級的個人考量。李德哈特把這些因素，傳神的比喻為存在人體中的「戰爭細菌」，並透過歷史詳細分析了這些戰爭細菌如何發生作用，和戰爭的環境如何刺激各種不同的好戰細菌成長與再生，這對現今我們所處的時代，更是極具參考價值。

特別值得注意的是，就算讀者不贊成李德哈特的某些觀察（例如徵兵制），也還是可以藉由閱讀李德哈特的分析過程，訓練培養自己獨立判斷與思考的能力。

結語

最後，我還是想引用鈕老師在《歷史與戰略》這本書中，「前言」的最後一段作為結尾，除藉此向老師致敬外；更重要的是，老師寫於民國八十六年青年節的這段話，其實非常適合替這篇推薦《人類何以陷入戰爭》的文章作結：

李德哈特晚年曾指出歷史是其所最感興趣的學域，我今天似乎有此同感。歷史的教訓是如此深遠，但人類從歷史中所已學得的教訓又是如何淺薄。難道這不是一個值得我們深思的問題？

譯序

鈕先鐘

李德哈特的歷史哲學

這是一本老書，也是一本新書。李德哈特寫這本書的時候是一九四四年，正乃第二次世界大戰方殷之時，他深有感於人類的愚昧，以至於在不過二十年的時間內，世界又再度遭遇浩劫，所以他這本書以*Why Don't We Learn from History?*為名，實有深意在焉。李德哈特以七十五高齡在一九七〇年逝世，其最後之傳世作即為《第二次世界大戰戰史》。一九七一年李德哈特的公子又將他這一本小書修正增補出版，所以也就成為一本新書，而且也真正變成了他的遺著。他這本書與《第二次世界大戰戰史》有配合之意，戰史內容為敘述史實，而這本書則概述其個人對於歷史的反省。文雖不長而意極深遠。書中充滿哲學意味，讀之可以發人深省，亦足以代表李德哈特個人思想之精華。讀者如已讀過他的大戰史和戰略論等書，然後再來讀此書，則一定有一卷在手，回味無窮之感。民國六十二年本人曾應國防部編譯局之約將其譯出，以《殷鑑不遠》為書名出版。唯以印數無多，且不對外發行，是以有許多人都無從獲致，深以為憾。現在蒙國防部史政編譯局同意交由軍事譯粹社予以再版。[1]這樣的好書實不可失之交臂，特此介紹，並希讀者注意。[2]

序於臺北，民國六十六年元月十日

1 國防部於一九七三年五月一日把原國防部編譯局與國防部史政局合併，並改稱國防部史政編譯局，如今已經縮編降階，稱國防部史政編譯室。

2 本序取自鈕先鍾教授於一九七七年四月一日出版的《為何不向歷史學習》，因其中之涵意有可供讀者參考之處，除部分修訂外，均保留全文及原意，並藉此向鈕教授致敬。

原序

亞德里安・李德哈特

Preface

先父於一九七〇年逝世時，已為他在一九四四年出版，有關歷史反省的一本小書準備了一個修正和增補的版本。

在他有生之年的最後二十五年當中，直到辭世時為止，他都在繼續努力於歷史的寫作，同時也對歷史的創造發揮重大的影響作用。除了對當前的國際和軍事問題發表了許多論文外，他也從事寫作、編輯書籍、或替他人的著作寫序，而這些書籍的主題在今天也都已經變成歷史的一部份。在一九六五年到一九六六年之間，他出版了自己的回憶錄 *The Memoirs of Captain Liddell Hart: Volumes I and II*，該書共分成兩卷，把他一生的事業敘述到第二次世界大戰爆發時為止。最後，他又完成自己對那次戰爭所撰的歷史，事實上，當他逝世時還正在替這本等待已久的巨著修訂校樣。

先父也對全世界的許多政治和軍事領袖，擔任非官方性的顧問，而請教他的人也是日益增多。他的書信來往極為廣泛。他經常旅行，並且往往都是以講座和顧問的身份，接受外國政府和各軍種的邀請。在七十歲時，他曾前往美國加州大學充任軍事史客座教授。經常有賓客到他在英格蘭的鄉村住宅中來訪問，他們都是來請求他提供建議和協助，以及想要利用那裡的研究設施——在倫敦大學支援下，先父在那裡建立了他舉世無雙的圖書館。

對於一整代的新史學家而言，他已經變成一位導師，正好像和他們同時代的各國許多軍人（目前有許多正握有高級指揮權）一樣，都是以他的門生自居。在第一次世界大戰結束時，他即已少年得志，所以他和現在早已成為歷史的事實和人物都常有個人間的關連：他與「阿拉伯的勞倫斯」一為友，並且也是他的傳記 *T.E. Lawrence in Arabia and After* 的作者；[1] 他協助勞合．喬治撰述其第一次世界大戰回憶錄，並且也陷入隨之而來的論戰中。在兩次大戰之間的時代裡，他既是邱吉爾的摯友也是他的批評者。[2]

在半個世紀以上的公務生活裡，問題和人物都已改變，但他在從事於他們的研究中，卻是永遠不老的。

1 譯註：阿拉伯的勞倫斯為第一次大戰時的傳奇人物，原名 T. E. Lawrence。以在阿拉伯半島上發動對土耳其的游擊戰聞名於世。

2 譯註：勞合．喬治為英國名政治家，在第一次世界大戰後期出任英國首相。

必須根據此種背景和此種個人觀點，然後對於他對歷史的貢獻——以及他對歷史的反省——才能作正確的評價。坦白說，照一般人所了解的名詞來解釋，他並不是一位學術界所認為的學院派史學家。他的第一個學位僅為牛津大學所頒發的榮譽博士學位。雖然他對於較遙遠的時代，從各次羅馬戰爭到美國內戰，都曾經研究並有著作問世，但他所重視的卻還是那些可以用原始資料來核對的事實。在他自己的研討筆記中，他對這一類的史實也是一個細心的記錄者。只要可能的話，對於他所要想敘述的戰役，他總會設法親自到戰場上去訪問，或是作戰後的憑弔，他本人也曾參加過西線上的戰鬥。他是一位專業的新聞記者，甚至於也是一位出色的新聞記者。他仍不斷的利用報紙，且不僅將其當作一種影響和傳佈的工具，更視為歷史研究的實地資料。此外，他對有關歷史的各方面，從宗教到時尚，也都保持著積極的興趣，而這些都是超出其所專精和享有盛名的軍事領域之外的。

作為一個史學家，他是力求嚴格的客觀，並且在其一生的許多次危機中，都保持學術上的超然地位，而不顧任何必然無可避免的來自政治、商業、或個人的壓力。即使於在戰時，他還是重視他在研究、判斷、和發表的獨立性，而且也能獲得顯著的成功。同時他也堅決主張他人在這一方面也應享有同樣的權利，甚至在不同的政權之下亦復如此。他是既不冷漠又不中立。對於許多當代的、即使是歷史的問題，他都表現出強烈的感情，甚至於是相當的激動。每逢他發現任何形式的不公正或誤解的言論，他會不惜把所研究和計劃中的寫作都放在一邊，起而和它搏鬥。因此他不僅付出代價，而且還會被糾纏不得脫身。

同時，他又拒絕對歷史採取「決定主義者」的觀點——而且對於人類的行為也作如是觀。他深知社會、經濟和物質力量的影響，對人類心理感到興趣，對因果關係採取科學化的態度，對靈感的說法採取嚴格的批評；儘管如此，他卻又深信在歷史中存在不確實和意料所不及的因素，在決定中存有個人的影響作用。他本人永遠是一個個性主義者，而且就其全體來說，也是一個樂觀主義者。他相信我們還是能夠在不太遲之前先行學習。

這本書代表其歷史哲學的要義。令人感到遺憾的是，他在有生之年來不及把他一向提倡的原則加以詳細闡明，對於他以往所作的筆記和評論加以系統化的綜合，以及替他已經達成的結論作更進一步的舉例說明。在這些觀點中，有許多部份都已用各種不同的方式，明示或暗示的方式散佈在其已出版的著作，以及與他人的書札中，而尤其是以《戰爭的革命》（*The Revolution in Warfare*，一九四六年）、《西方的防禦》（*The Defence of the West*，一九五〇年）、《嚇阻或防禦》（*Deterrent of Defence*，一九六〇年），以及屢次再版的《戰略論：間接路線》（*The Strategy of Indirect Approach*，一九四八年、一九五四年、一九六二年）為然。

這些要旨許多年來都很少改變。他相信下述真理的重要性：人類使用合理化的程序，可以發現有關他自己本身（以及有關人生）的真實性；但除非這種發現能夠發表出來，而且這種發表又能以行動和教育為其結果，否則這種發現還是毫無價值。為了這個目的，他重視精確和明晰。他更重視的是追求和宣揚真實的道德勇氣，即不考慮此種真實是否不受世人歡迎，或是危害本身或他人的眼前利益。他認為只有在某種政治和社會條件下，此種發現才會受到最佳的助益——所以，這種條件對他而言也就變得更為重要。從最廣的意識上來說，他是一個自由主義者——不過從某些觀點上來看，他又能認清自由主義的限制。

他的最終目的是什麼？他對任何為進步所畫的藍圖都不具有信心，他始終反對只問目的而不擇手段的理由。他是一個人本主義者，相信人類若能了解事實而不受到成見的歪曲，則一定能夠以調和為基礎，來面對他們的共同問題，並能公平的解決。他卓越的應用這種哲學來尋求了解戰爭的原因，並限制其毀滅的威力。

也許，其他史學家能夠發展更完整的哲學思想。但卻沒有任何人能夠像他這樣在其一生中，把行動和思考、影響和研究融為一體，作為其所堅特的原則。

前言

李德哈特

Foreword

假使說在我所能提供的這種個人性觀點中還存有任何價值的話，那大部份是由於個人所處環境的幸運所致。雖然我也和大多數人一樣為生活而賺錢，但我卻有一種難得的好運，能以發現事實的真實性為賺錢的手段，而不像其他許多人，由於受到其職業條件的限制，而被迫必須違背意願，以來掩飾事實的真相。

寫歷史是一種非常艱苦的工作——也是一種最疲憊的工作。劉易士在回答一位青年人的問題時，[1]曾經很俏皮的說，成功的祕密就是要使「你臀部的褲子和你所坐的椅子互相黏著達足夠長久的時間」。也許寫歷史比任何其他種類的寫作都更需要符合這樣的條件。

寫歷史同時又是一種最令人感到煩惱的行業。當你以為剛剛已經把一連串的證據死結都解開後，突然的，它又會重新糾纏成一團。而且當你剛剛感覺似乎正要達到一種無可否認的結論時，你又會容易地被某種難纏的和不可動搖的事實所阻礙和絆倒。

那麼，能夠補償的是什麼呢？第一、這種職業（追求）具有一種連續性的趣味和刺激——像一本永不結束的偵探小說，而你又不僅是一位讀者，還親自參與偵查工作。

第二、這種經常性的練習對於「心靈關節炎」是一種最佳的治療——這是許多刻板工作的職業病。

第三、尤其是在一個最「重要」方面的職業中，它是最不受拘束的。[2]

關於歷史寫作還有一點要說明：就是必須要親自寫稿，而不可以用口授的方式。這是非常重要的，你必須經常看到你在前一段所寫的是什麼——這是同時為了平衡和關聯的緣故。而且，在每一種情況中，又必須同時注意到內容和風格。

我要強調歷史對個人的基本價值。誠如布克哈特所云，我們對經驗的較深入希望，為它應該不只是「使我們更乖巧（為了下一次），而更能使

1 譯註：劉易士為美國當代名作家。

2 譯註：所謂最重要方面，即指寫作這一行而言。

我們更聰明（為了永恆）」。歷史教我們以人的哲學。

兩千多年以前，古代史學家中最忠實的波利比亞斯，在他的《史書》卷首曾經這樣的指出：「最具有教訓意義的事情，莫過於回憶他人的災難，要想學會如何莊嚴的忍受命運的變化，這的確也是唯一的方法。」由於歷史記錄的事情經常是如何造成錯誤的經過，所以這也是最好的幫助。

長久的歷史觀點不僅能夠幫助我們在「危難的時候」保持冷靜，而且更提醒我們，最長的隧道還是有它的終點。即使我們看不出前途存在任何正向的希望，但是基於對未來的演變而對歷史的關注，還是可以幫助我們繼續活下去的。對於一個有思想的人來說，它可以說是一種對自我毀滅的最強力克制。

我還要再補充一點，對於人類而言，現在唯一的希望就是我所研究的特殊領域——戰爭，將會變成一項純粹只是考古興趣的課題。因為自從有了核子武器後，我們不是已經翻到戰爭的最後一頁（至少就我們過去所知的那種大規模的國家間的戰爭而言是如此），就是已經翻到歷史的最後一頁了。

第一章

歷史與真實：為何要研究歷史

History and Truth

歷史的價值
The Value of History

歷史的目標是什麼？我將非常簡單的回答——「真實」。這是一個不時髦的名詞和觀念。但忽視達到真實可能性的結果，要比珍惜它的結果還要壞。[1]

這個目標也許可以更慎重的表達如下：發現所曾經發生的事實，並同時嘗試解答此種事實為什麼發生的原因。換言之，即尋找事件之間的因果關係。

不過，作為一個「指標」，歷史的用途是有其限制的，因為它雖然能指示我們以正確的方向，但卻不能對前方道路情況提供明細的資料。

但作為一個「警告牌」的消極價值卻是可以確定的。歷史可以指示我們應該「避免」什麼，即令它並不能教導我們應該做些什麼——它的方法是指出人類很容易造成和重犯的某些最普通的錯誤。

第二個目標是歷史的實用價值。德意志帝國宰相俾斯麥曾經說過：

「愚人說他們從經驗中學習。我則寧願利用他人的經驗。」就這一點而言，研究歷史能夠提供最大可能的機會。它是一種普世的經驗——比任何個人的經驗都是無限的較長、較廣、和較複雜而多變。

人們通常喜歡根據他們的年齡和經驗來表示自己智慧超群。中國人尤其敬老，並認為一位年齡超過八十歲的人應該比其他的人都還要聰明。但八十歲對於史學家而言並不算什麼。只要不是文盲，在他的腦海裡都可以累積三千年以上的經驗。

彼里比亞斯對於這一點曾有如下的高論：「對於人類而言，有兩條改革的途徑——一是透過他們自己不幸的遭遇，二是透過旁人不幸的遭遇；前者是比較確實無誤，而後者則痛苦較少……我們應經常尋求第二種的途徑；因為這樣，我們可以使自己不受傷害，而又能對所應追求的最佳途徑

1 譯註：Truth 這個字在英文中可以同時作「真實」、「真象」、「真理」解，而在中文裡卻必須有所分別，所以在翻譯上至感困難。本譯文中將儘量用「真實」二字，但有時又必須根據文意譯為「真象」或「真理」。

獲得一種較明確的認識……從真實歷史的研究中所獲得的知識，對實際生活而言，是所有一切教育中的最佳者。」

在我本人的特殊研究領域內，他的這種忠告所具有的實際價值，曾對我產生深刻的印象。在第一次世界大戰時，使各國參謀本部受到奇襲的主要發展，從前半個世紀連續各次戰爭的研究中即可演繹得出來。為什麼它們不曾被演繹出來呢？一部份是因為參謀本部的研究範圍太狹窄，另一部份是他們受到自己職業利益和感情的蒙蔽。但是某些非官方的戰爭研究者，由於能夠有超然的思想，所以也就能夠從對過去戰爭的研究中，正確的演繹出那些「奇襲」的發展——例如波蘭的銀行家布羅赫，[2]和法國的軍事作家，梅葉上尉。

所以，當我在第一次世界大戰後的幾十年間研究軍事問題時，我經常嘗試採取一種透射的方法，從過去透過現在而進入未來。在預測第二次世界大戰的決定性發展時，我認為主要應歸功於此種歷史方法的實際應用，那是比我自己的任何腦波都有更大功勞。

歷史是人類的「蹉步」和「失足」的記錄。它告訴我們蹉步是緩慢而細小，但失足則快速而繁多。它也向我們提供利用前人顛簸跌倒的機會。如果我們能認清自己的弱點，則對於過去那些曾犯錯的人是不應隨便加以譴責，但如果我們自己不能認識錯誤，那就應該自我譴責了。

有一種較為普遍的趨勢，即認為歷史是專屬於專家的課題——那是大錯特錯的。恰好相反，歷史對所有一切的專精化都是根本的補救（矯正）。從正確的觀點上來看，它是最廣泛的研究，包括著人生的所有面向。它指出人類如何重覆犯下它的錯誤，以及那些錯誤是什麼，並以此來奠定教育的基礎。

2 譯註：布羅赫，（一八三六年至一九〇二年），德語名約翰·馮·布洛赫（Johann von Bloch），法語名讓·德布洛赫（Jean de Bloch）。波蘭銀行家、鐵路金融家，致力於現代工業時代的戰爭研究，一八七〇年普魯士在普法戰爭中壓倒性戰勝法國使他對這個議題深感興趣，他意識到通過戰爭解決外交問題的手段已經過時。一八九八年，他的著作《未來的戰爭》（La Guerre Future）在巴黎出版。當代理論視布羅赫為二十世紀初的克勞塞維茨。

軍事史的重要
The Significance of Military History

一八八〇年有一本歷史暢銷書，那就是格林所著的《英國人的歷史》。格林在他的這本書中曾經說過下述一段話：「在歐洲國家（民族）的真實故事中，戰爭只是扮演一個渺小的角色，而在英格蘭的故事中，戰爭所扮演的角色比起任何其他國家尤其渺小。」這是一項令人感到驚奇的非歷史性言論。自今日視之，更是一種極大的諷刺。

造成我們此後所遭遇到的某些困難，這種觀念可能「居功厥偉」。因為在最近這幾代人的時間裡，儘管在所有各種其他知識方面的研究都已有巨大的進步，但是戰爭的科學化研究在大學中所受到的注意、和從大學或政府方面所獲得的援助也不多。

大學對於此種研究的忽視，又與進化論史觀和經濟決定主義的潮流有密切的關係。此種潮流的趨勢是認為世局的發展是不受個人和意外事件的影響；「將軍和國王」沒有太多的重要性；歷史的潮流將不斷前進，而不會受到他們爭吵的擾亂。

這種想法至為荒謬。假使波斯人征服了希臘；漢尼拔攻佔了羅馬，凱撒不敢渡過盧比孔河；[3]拿破崙在土倫陣亡，[4]是否還有任何人相信世界史仍將維持現狀不變呢？如果諾曼第公爵「征服者威廉」在哈斯丁會戰中被擊敗，[5]是否還有任何人相信英國歷史仍不受影響呢？又或是——再說到較近的時代——假使希特勒不在法國的敦克爾克受阻而到達了對岸英國的多佛，是否還有人相信英國歷史仍將不受影響呢？

這種重大事件，也就是改變歷史的「意外」，真是不勝枚舉。但是在歷史過程中造成突變的所有一切因素中，戰爭的結果又是偶然性最少的一個。

3 譯註：盧比孔河位於義大利中部。

4 譯註：土倫是法國東南部軍港，至今依然是法國海軍的重要基地。一七九三年十二月，法國大革命之後的雅各賓專政時期的土倫港之役中，二十四歲的拿破崙率領士兵防衛土倫砲台，成功擊敗進攻法國以援助波旁王朝的英國艦隊，之後以二十四歲的年紀被任命為准將。

5 譯註：哈斯丁位於英格蘭南部。

實際上，在那些對歷史最具影響作用的戰爭中，理智對於其結果所產生的影響是比幸運所產生者遠較巨大。創造性的思想時常重於勇氣，甚至也重於天才的領導。那是一種浪漫性的習慣，把功過歸之於在會戰中像閃電一樣的靈感，實際上卻應歸之於很久以前所灑播的種子——即戰前勝方所曾採取的某種新軍事措施，又或者是敗方在軍事措施中本來可以避免的衰頹。

與其他的行業不同，「正規」軍人並不能正常地執行他的業務。的確如此，甚至於可以說照字義來解釋，軍事這一行根本上就不能算是一種「專業」，而只是一種「偶然的僱用」——而很矛盾的，過去傭兵是為了要打仗才會被僱用和付給薪餉，以後的常備軍則雖然不打仗也照樣發餉，而當前者被後者取而代之的時候，軍事也就反而不再是一種專業了。

此種認為在嚴格上來說沒有「軍事專業」存在的理論，如果就工作的範圍來說，則對於今天大多數的武裝部隊而言，是講不通的；但實際上比起過去較早的時代，戰爭規模雖然已經變得更大，但次數卻也已經變得更少。所以，對於此種理論又毫無疑問的是產生增強的作用。因為即使是最

俾斯麥

好的平時訓練，也只是一種「理論」經驗，而不是「實際」經驗。

但常被人引述的俾斯麥格言，卻又對於這個問題投下一種不同且較具有鼓勵作用的見解。它幫助我們認清有兩種形式的實際經驗存在——即直接和間接兩種——而在二者之間，間接的實際經驗也許還更有價值，因為它的範圍遠較廣泛。即令在最活躍的經歷中，尤其是軍人的經歷，直接經驗的範圍和可能性總還是非常有限。與軍事成對比，醫藥這一行是要有不間斷的實習機會。但是對醫學方面的偉大進步，科學思想家和研究工作者的貢獻也還是多於實際開業的醫師。

直接經驗有其固有的限制，無論對於理論或應用都不足以構成一種適當的基礎。在最佳的情況中，它也只能產生一種對思想結構的枯燥和僵化具有價值的空氣。間接經驗之所以更有價值，在於它變化更大、範圍更廣。「歷史為普世的經驗」——不僅只是另外一個人，而是許多其他的人在各種不同條件之下的經驗。

為什麼把軍事史當作軍事教育的基礎，這也就是其合理的解釋——其在軍人訓練和心靈發展中的重大實際價值。但也和所有一切經驗一樣，其利益是依賴在下述三點上：一、它的廣度，二、它與上述定義的接近程度，三、研究它的方法。

拿破崙有一句常被引述的格言，那就是說在戰爭中「精神與物質的比例是三比一。」軍人大致都承認這是普遍的真理，此種實際的算術比例可能毫無價值，因為如果兵器不適當，則士氣（精神）也就會隨之而低落，就好比在一具屍體之內，則最堅強的意志也還是毫無用處。雖然精神和物質因素是不可分，但拿破崙的格言還是有其永恆的價值，因為它表示出在所有一切的軍事決定中，精神因素都佔優勢的觀念。

戰爭和會戰的結果，經常是在精神因素上的迴轉。在戰史中它們構成比較不變的因素，其改變也只是在程度上的，而物質因素則幾乎在每一個戰事、和每一個軍事情況中都有所不同。

歷史的探索
The Explorations of History

不過，歷史的優勢是有賴於一種「遠大的眼光」，而且又有賴於對其作「廣泛的研究」。對於某一部份作深入的發掘，是一種有價值而又必要的訓練；只有用這種方式才能學會歷史的研究方法。但當進行深入發掘時，同樣重要的是要用一種廣泛的觀測來確定自己的方位。對於某人研究成果之重要性的研判也是必要的，否則將會有「明足以察秋毫而不見輿薪」的毛病。

歷史的日益專精化，已使歷史能為人們所領會的程度有日益降低的趨勢，於是就剝奪了歷史對於社會的貢獻——甚至對由專業史學家所構成為小社群而言也都已如此。

對於任何史學家而言，生活在世界事務中並親眼看到歷史片斷的製造，那都是一種有價值的經驗。而許多有價值的部份又來自對偶然因素之重要性的認識——諸如某次的悸動、某次頭腦欠靈活、一次突然的爭吵、某一次的內心困惑、或是午餐時的斡旋等等。

對於如何決定有關事件的當前經驗，足以幫助了解過去的事件。這可說是我的一種好運氣，既能在近距離觀察某些歷史片斷的創造過程，而又能處於旁觀者所享有的超然地位——依照諺語來說，就是所謂「旁觀者清」。這種經驗已經告訴我們，那時常是一種博弈的機會——假使也許由於個人的好惡，內心的困惑，或大動肝火的衝動等，都可以視為偶然因素的話。也許在這些對歷史的偶然影響中，最強有力者還是「午餐時的斡旋」。

在觀察各種不同種類的工作委員會時，我在很久以前即已認清「午餐時間」的極端重要性。對某一問題的詳細討論和慎重考慮，也許要花費兩個多小時，但最後的十五分鐘卻往往要比所有一切剩餘的時間都更為重要。在下午十二點四十五分時，似乎還無獲得一致結論的希望，但到了快一點鐘時，重要的決定就可能不必經過辯論而迅速達成——因為出席人員的注意力都已經轉而集中在他們手錶的指針上，那些正在走動的指針對於心靈的運動，具有一種顯著的加速效力——近乎達到閃電決定的程度。任何工作委員會中比較具有影響力的成員，其有重要午餐約會的機會也就比較多，而委員會的性質愈重要，則情形更是如此。

一個頭腦敏銳的「會議專家」，通常也就能夠根據此種時間的計算發展出運用的技巧。他會等到午餐時間特近時才開始介入討論，到那個時候任何建議只要聽得還順耳的話，則多數與會者也就會有願意接受的傾向，因為他們都希望會議趕緊結束，以便還能趕上他們的午餐約會。有時他會儘量等待，以便在其最可怕的對手先行離席之後再來進行表決。拿破崙曾經說過軍隊是用它的肚子來行軍的。基於我的觀察，我很想就此修改這個格言——即「歷史是用政治家的肚子來推動的」。

這種觀察的應用範圍又不僅只限於時間意識而已。日本人認為勇氣是位於肚子（胃部）裡面；軍事史對於此種觀念可以提供充份的證據，因為部隊的戰鬥精神的確是依賴他們胃部的狀況，而且也會隨之改變。怒火的來源也是位於那一部份。凡此所表示者，即在人類正常的生活上，心靈與精神都是依賴在物質上。所以這也就使歷史學家必須認清那些影響國家命運的大事，其決定的基礎往往不是平衡的判斷，而是衝動的情感，以及層次並不高的個人因素。

對於「隱士」型史學家而言，另一種危險是他們往往過份重視文件的價值。身居高位的人，早已知道該如何維護他們在歷史中的名聲。許多文件都是為欺騙和掩飾的目的而寫的。此外，幕後的鬥爭很少能有文字的記錄，但它們卻往往能對問題產生決定性作用。

經驗也使我對偽造歷史的過程得知一二。其過程比絲襪都還不透明。再沒有什麼比文件更能矇騙人們的東西了。作為一個對歷史學家的訓練場所，第一次世界大戰（一九一四——一九一八）的價值亦在於此。政府已經開放了他們的檔案，政治家和將軍也已經開放了他們的嘴吧，所以他們的記錄已經可以和其他證人的親身經歷做互相的核對。對於此種工作已經有了二十年經驗之後，純文件性的歷史照我看來簡直是近似神話的事情。

對於那些仍然迷信文件的學術界史學家們，我經常告訴他們一個具有教育意義的小故事。一九一八年三月，當英軍防線被突破而法國援軍趕來協助阻止突破口時，有一位法國名將來到某軍的司令部中，威風凜凜地就在那裡口授命令，其內容是指部隊在那天夜間應固守某線，並在次日上午發動逆襲。那位軍長把命令全文讀過一遍之後，不禁大感困惑，遂大聲驚叫著說：「可是那條戰線的位置早已在德軍戰線的後方。你昨天就已把它丟失掉了。」這位偉大的指揮官作了一個會心的微笑，然後才說：「這都是為了在歷史留痕」。也許我還要補充說明一點，在這場戰爭的大部份時間裡，他都是充任高級幕僚的職務，換句話說，以後官方戰史所必須依據的檔案也都是在他的掌控之下。

在官方檔案中可以發現許多的漏洞，顯示出有許多文件都是事後被銷毀，以掩飾某些足以令某一指揮官名譽受到損失的事實；而更難發現的是一些用來調包的偽造文件。一般說來，英國指揮官們似乎還比較老實些，其行為還僅只是銷毀或回溯填寫命令的日期時間。而法國人則比較滑頭，他們會依據根本上不存在的情況，寫出一套無中生有的攻擊命令，結果是他自已的名譽和他部下的生命都同樣的安然無恙——而且任何人都不得不相信這就是事情的經過，因為記錄早已歸入檔案。

當我發現某些指揮官花了這麼多的時間去替歷史學家準備資料，所以有時真的會很懷疑這場戰爭怎樣還能夠進行得下去。如果過去的偉人（那更是死無對證）也和近代的偉人一樣重視歷史，那麼只要比現代史略為古老一點的東西，也就很難令人感到有值得信任的價值了。

歷史的探索是一種冷靜的經驗。所以著名的美國歷史學家亨利亞當斯在回答一封來信中所提出的問題時，曾經表現出下述的犬儒主義態度：「我因為對歷史實在寫得太多了，以至於真正的相信它。所以如果有任何人要向我表示不同的意見，我也就準備向他表示同意。」[6]對戰史的研究尤其足以闢除任何錯覺——即使不是故意揑造事實以來適應宣傳目的，人們所作證詞的可靠性，以及其一般的精確性也都是大有問題。

儘管史學家要想發現事實的真實性非常困難，但他對於並非真實的故事則可能養成非常高明的觀察技巧——相較之下，那是一種較為容易的任務。對於歷史證據的處理有一條合理的定律：凡是自我表揚的言論、應對其採取挑剔懷疑的態度，凡是自我認罪的言論，則大致應可以信賴。如果說有一句話是可以代表一種普遍的真理，那就是：「除非親口供認不諱，

6 譯註：犬儒主義是希臘文明末期的一種學派，其言行具有冷嘲熱笑、玩世不恭的意味。

一戰期間擔任英國首相的勞合 · 喬治，右邊的是年輕的邱吉爾。

否則任何人都不應視之為有罪。」採取這種衡量的標準，我們對於歷史、和正在製造中的歷史，也就大致可以作成明確的判斷。

勞合．喬治在談話中，時常向我強調說明有一件事，可以作為第一流政治領袖與第二流政客之間的區分標準，那就是前者經常非常小心避免任何確定的言論，以防事後受到駁斥，因為從長期的觀點來看，他總是有被人抓著弱點的可能性。我發現勞合．喬治本人在一九一四年以前，即已從國會的經驗中學到了這種教訓。

歷史的論述
The Treatment of History

已有日益增多的近代史學家，例如韋奇伍德，曾證明好的歷史和好的讀物是可以合而為一的——如此也就能排除了那些神話式的作者，而把歷史又帶回到對人類服務的境界。儘管如此，學者對於文體卻仍然保有懷疑的態度。那些老學究們也許應該記著這樣的格言，「高深的寫作是為了能成就出可輕鬆閱讀的讀物」。但這種高深的寫作也要求有高深的思維。要想對於事實作澄清扼要的說明，遠比模糊的敘述更吃力。如果文章一清如水，則其中記述錯誤也就很容易被人發覺。作者如果不想被人抓到錯處，則他也就必須加倍小心。這種在寫作方面的慎重，又進一步要求在處理史料方面的謹慎——即必須對其作正確的研判。

致力於較深入的心理分析是很好的——不過必須能同時保持高瞻遠矚的眼光。如果能夠顯示出人物性格的真實性，則把油漆刮去也是好的。但如果用適合低俗口味的廉價色彩，來代替維多利亞時代的油漆，則除了誇張宣傳以外，也就沒有其他的好處了。

更進一步說，如果對於人物性格的研究太過頭，則又有把行為表現推入幕後的毛病。這樣的確可以簡化傳記作者的任務，他對於其主題人物終身工作的領域甚至可以一無所知。我們能否幻想到一位無治術的偉大政治家，一位無戰爭經驗的偉大將軍，一位毫無建樹的偉大科學家，一位無文學素養的偉大作家，如此這般他們看起來就很沒有內涵——雖然這已經是司空見慣。

有一個時常成為爭論的問題，即歷史究竟是科學還是藝術。真正的答案似乎是歷史、是科學、也是藝術。

研究歷史應該有一種科學化的研究精神。一切事實的處理應採取一種力求精確、科學化的慎重態度。但對於事實的解釋卻不可能沒有想像力和直覺的幫助。單就證據的數量就是如此的浩大，所以要做出選擇是必不可少。只要其中存有選擇，則也就有藝術的存在。

探索則應該力求客觀，但選擇卻是主觀的。不過其主觀性是可以、而且也應該用科學的方法和客觀性來加以控制。有太多人只想從歷史中去尋求資料，以供其說教之用，而並非尋求事實以供分析之用。但在分析之後人們又必須繼之以藝術，始能提出事實的意義——並保證讓它能為人們所共知。

德國以蘭克為首的史學家，在十九世紀中期開始創造力求純粹科學化的學風。此種風氣也傳入英國的史學界。他們認為，任何的結論或歸納的結果在治學時都應該避免做為參考，而任何書寫完整的書籍都有讓人質疑的空間。結果又如何呢？歷史變得太沉悶枯燥，不僅不堪卒讀，而且也缺乏意義。它變成一種只供專家研究的對象。

於是所留下來的真空遂由新的神話來填補——此種神話非常具有刺激力，但也造成可怕的後果。整個世界都因而受害，尤以德國最為慘重，因為歷史的蓬勃生氣絕滅就是發源於德國。

科學的方法
The Scientific Approach

對於經常變化條件的適應，也正是生存的條件。這又依賴在一種簡單而基本的「態度」問題。要想應付近代世界的問題，我們尤其需要對於它們有明確的認識，並加以科學化的分析。這又必須能免於偏見，並保有辨別能力和一種比例的意識。必須具有看到所有一切有關因素，並能加以公正衡量，然後發現它們位於彼此之間相對關係中的能力，這樣我們才能夠達成一種精確平衡的判斷。

辨別能力也許是一種天分——而比例意識也是如此。但是免於偏見的自由卻可以幫助它們的發展，這種自由大部份有賴於個人的意志——而且也在其能力範圍內。如果不能達到它，也至少是可以接近它。這種接近的方式很簡單，雖然並不容易——其所最需要者為經常性的自我批判，以及重視文字表達的精確程度。

不過，要想找到一種進步的指標，以及一種適合於擔負判斷責任的指標，那卻較為容易。假使一個人讀到或聽到任何對於他有所興趣的任何事物的批評時，請注意他所提出的第一個問題，是否與這種批評的公正性和真實性有關。如果他對這一類批評的反應是帶著強烈的情緒；又如果是他的怨言是基於此一批評不合他胃口？或是它會有惡性的影響——簡言之，他所關心的可能為「它是否真實」以外的其他問題。這樣他也就已經顯示出他自己的態度是非科學化的。

同樣的，當判斷一種觀念時，他所注意的不是其觀念本身的優劣得失，而是首先要看它的作者是誰；假使他批評它是一種「異端」；假使他認為權威總是對的，因為權威就是權威；假使他把某一種特殊批評當作是公開的貶抑來看待；假使他把意見與事實混為一談；假使他宣稱任何意見的表達是「毫無疑問」；假使他宣稱某些事情是「永遠不會」出現，又或是某種觀點是「必然」正確的——則他的態度也是非科學的。真實的道路是用敏銳的懷疑心所鋪陳，而客觀的研究精神就是照明的路燈。對於任何問題採取主觀的看法，實無異以盲人自居。

假使說在過去戰爭的研究，對下一次戰爭的方向和行為常常不能提供有效的指導，那並不足以暗示戰爭是不適宜於科學化的研究，而只是暗示此種研究在精神和方法上都還有不夠科學化的地方。

在十九世紀和二十世紀初葉的多次戰爭中，都已一再地顯示出戰爭的演變趨勢，但那些軍事思想的權威學派，卻居然還會如此地完全誤解，這似乎是不可能的。若對錯誤的記錄加以檢討，即足以暗示唯一可能的解釋是他們對於戰爭的研究是主觀的，而非客觀的。

但即使我們在軍人所需、和所教的軍事史中能夠減少過去的錯誤，基本困難卻仍然存在。在戰爭壓力之下，信心對於軍人是如此的重要，所以軍事訓練要養成一種絕對服從的習慣，而後者又培養一種對現行思想（教條）作無條件接受的態度。雖然戰鬥對理論是一種最切合實際的測驗，但卻僅佔軍人生活中的一小部份，而在軍人生活中又有太多的東西，是足以使人變成理論的奴隸。

進一步說，軍人必須對能擊敗敵人的力量具有信心；所以，即令在物質方面，如果對於攻擊成功的可能性產生疑問，就將冒上使軍人喪失信心的風險。除了哲學家，懷疑足以製造神經緊張，而軍隊從上到下都不是由哲學家所組成。在任何行為中，都不會像軍人的行為，樂觀對於成功是如此必要，因為它所應付的大部份都是未知數——甚至死亡。樂觀主義與盲目愚行之間的差異是很難分別的。所以無怪乎軍人總是會越過界線，而變成了信心的受害者。

上海著名的龍門學院有這樣一句格言，那是被印在課本上每一頁的上方，它的內容說：「學生必須首先學會以懷疑精神來接近問題。」在十一世紀時的張載對於這一點表示得更為明白，[7]他說：「假使在他人不覺得

7 譯註：張載（一〇二〇年至一〇七七年十二月六日），出生於北宋陝西鳳翔郿縣（今陝西眉縣）橫渠鎮，世稱橫渠先生。北宋五子之一，理學家、哲學家。理學中，關學的開創者，也是理學的奠基者之一。

有疑問的地方而你卻能懷疑，那就代表你已經進步了。」軍人卻很難於達到此種境界。[8]

對真實的畏懼
The Fear of Truth

從歷史上我們知道，無論在任何時代和任何國家裡，多數人對於有人批評他們的制度都會心生反感，而事後看來，那些批評都是事實。我們也知道有許多善良的人都不願意承認事實的真相，因為那是足以破壞他們怡然自得的心理，而天下再沒有比這種心理更足以助長虛偽的持續，以及由此所衍生的罪惡。可是這種趨勢卻常常存在，對於合乎自然的批評反而感到震驚，並認為某些事情是太過「神聖」，所以不敢多加考量。

我認為人生的最佳理想就是用明智的眼光去面對生活，而不是像盲人、低能者、或醉漢那樣的瞎撞亂碰——但在思想的意識中，這卻正是一種共同的選擇。我們很少遇到這樣的人，當他對於任何事情的第一個反應就是要問「它是否真實？」但除非一個人的自然反應是如此，否則就不能證明真實在他的心靈中佔有最高的地位；而除非真能如此，否則真正的進步也就不可能達成。

在一切妄想中最危險的，莫過於以對幻想中的民族和軍事精神有利為由來偽造歷史。雖然此種經驗教訓過去最難獲得，在今天也仍然是最難學習的。但那些已經吃過大虧的人，卻顯示他們還願意吃更多的虧。

一九三五年，一位知名的德國將軍曾在該國官方的主要軍事刊物上，以〈我們為何不能偽裝〉為題發表了一篇論文。令人難以想像的是，它並非呼籲研究發展欺騙敵人眼睛的藝術，以達到掩蔽部隊運動和位置的目的。這位作者希望能在德國陸軍中鼓吹的偽裝手段，是以掩飾歷史中某些不愉快的事實為目的。他對於第一次世界大戰後德國威瑪共和政府將「前帝國政府」的一切外交文件，甚至於包括德皇「威廉二世」在文件邊緣上

8 譯註：李德哈特引述自胡適描述他的父親在一八七五年時就讀的書院，現已經改制為上海中學。

所作的親筆批註在內，都全數公開發表而深表遺憾。這位將軍呼籲在歷史領域中應使用偽裝，並在結論中引用他所認為「偉大」的英國格言：「任何事只要有效就是真的。」[9]

儘管那位德國將軍似乎認為這是他的創見，但軍事史學者對於這種呼籲卻絲毫不感到稀奇，反而會認為他是少見多怪。歷史如果加上了「官方」的頭銜，也就自然有其值得「懷疑」之處，而再加上一個「軍事」的頭銜，那也就無異暗示該加倍的懷疑。歷史的歷史可以充份的證明早在偽裝術用於戰場之前，即已在歷史領域中有了高度的發展。

此種偽裝的歷史，不僅掩飾錯誤和缺點（否則那是可以改正的），而且更製造虛偽的信心——而軍事史所記錄的大多數失敗，也正是以這種虛偽的信心為基礎。它是腐化軍隊的毒素。但其效力卻發揚得更廣，而且也在更早被察覺到。因為軍事領袖的虛偽信心正是一種鼓舞他們引發戰禍的原因。

對真實的逃避
The Evasion of Truth

彼拉多曾經問過：「什麼是真實？」[10]我們從歷史上得知人們也總是經常響應這種說法。而且時常在讓我們感到不解的環境中，它是一再被用來當作煙幕以掩護個人或政治的運動，和遮蓋對問題的規避。就最深入的意識而言，它也許是一個合理的問題。但當我觀察當前世局愈久時，我也就愈能發現我們許多困難的根源，是出自我們在各方面都有的一種壞習慣。那也就是對於我們明知為真的事實，卻偏要加以隱蔽或曲解，其理由是效忠於一種思想、一種雄心、或一種制度——而在內心裡，此種忠忱又是受到我們個人私利的激發。

9 譯註：原文 Wilhelmstrasse 一字，德文原義為「威廉大道」，也就是德國舊皇宮所在的地方，因之譯為前帝國政府。又 Kairkt 一字係德國皇帝均以「凱撒」為尊號，此乃承襲羅馬之遺風，故譯為威廉二世。

10 譯註：羅馬帝國猶太行省的第五任總督，也是判處耶穌釘十字架的羅馬官員。

在第一次世界大戰的歷史上充滿這種例證。尤其巴斯青達會戰，也許最能提供顯著的例證。從英國陸軍元帥道格拉斯・海格事先所說的話中，[11]可以明白他的動機是想要於一九一七年內，以及在美軍尚未到達之前，在法蘭德斯平原上發動一次以英軍為主力的攻勢，以求達到獨力贏得戰爭的目的，而且他也深信能夠辦得到。但正當他準備發動攻勢之時，所有情況都改變了。而法軍方面的主要指揮官們也都表達最深的疑慮。但由於他一心想說服原本十分勉強的英國內閣允許他實現其夢想，所以他對於他自己明知一切不利的事實都一律予以隱瞞，而對那些似乎有利的事實則儘量加以誇張表達。當他的攻勢在七月最後一天發動時，在最關鍵的部份卻遭遇到完全的失敗；但他卻向倫敦報告，說結果是「極為滿意」。就在那一天，天氣開始變壞，攻勢也就陷於停滯不前的狀況。

當時英國首相鑑於死傷人數日益增加而感到焦急，遂親自前往法蘭德斯前線視察時，海格遂又強辯說，只要看所捕獲戰俘體格情況的惡劣，即可以證明他的攻勢已經使德軍感到筋疲力竭。當首相要求去看某個戰俘收容所時，海格的幕僚就預先用電話通知那個單位，把所有一切身強力壯的戰俘都隱藏起來，以免讓首相看到。這樣一連串的欺瞞手段繼續使用下去，一直到犧牲達四十萬人之後，攻勢才終於停止。

到了晚年，海格還在替他自己辯護，說他的攻勢是根據法國的訓令而發動的。並且又說：「由於法軍有崩潰的可能，所以才迫使我不得不進攻。」但他在當時所寫的信件中，卻又宣稱法軍的士氣「極佳」。在次年春天，當他自己的軍隊，由於物質和精神都已達到匱竭的邊緣，而不能抵擋德軍的攻勢時，海格卻反而轉為責備英國政府。

依照海格自認是一個誠實的人——但他的解釋都很牽強。「巴斯青達」之所以會變成一個代表不祥之兆的名詞，其原因是可以追溯到下述三種傾向的聯合效應：一、他的自欺欺人；二、他鼓勵部下欺騙他本人；三、他部下的「忠心」，即只把長官所願意聽的話告訴他。對於此種善意

11 譯註：第一次世界大戰期間的一九一五年二月，出任英軍第一軍團司令。十二月十日接替約翰．弗倫奇（John French）擔任英國遠征軍（British Expeditionary Force, BEF）總司令。後回到英國擔任英國本土部隊總司令。

海格自認是個誠實的人，但不盡然。

的不真實——雖然不一定是無私的——「巴斯青達」可以說是一個足夠客觀的教訓。

作為一個青年軍官，我對於較高階的指揮官曾懷有高度的敬意，但以後當我從一個軍事記者的角度，對他們進行較密切的觀察之後，對他們中間的許多人遂不免大感失望。許多表面上正大光明的人，為了自己的升遷竟可以不擇手段，這實在是很令人傷心的發現。

在這些大將當中，有一個人是曾經對我曲意交歡的，那就是阿奇博德元帥，他曾經要求我與他合作寫一本有關第一次世界大戰教訓的書。但當我和他一同去視察戰場時，我卻發現對於一切不利的部分他都儘量規避；於是在不久之後，我也就認清了他之所以建議要寫這樣一本書，是有其不可告人的目的，那就是想要證明英國遠征軍第四軍團的作戰是如何的卓越而毫無瑕疵，[12]因為當時他是那個軍團的參謀長，最後我也就謝絕幫助他去完成那樣一份的「文宣」。同時我又發現，他對一切在宦途上和他發生

12 譯註：阿奇博德於一九一六年二月出任英國遠征軍第四軍團參謀長。

競爭的其他將領，都有加以刻薄諷刺的習慣。

他最後還是升到了最高軍階，雖然我並未給他以任何幫助，而他的任期也正是兩次大戰之間英國陸軍進步停滯的最惡劣階段。而最不幸的是當他榮任英國陸軍參謀總長之職時，又正好適逢希特勒也在德國接掌政權。艾崙賽元帥在一九三九年第二次世界大戰爆發時接任陸軍參謀總長，當他對陸軍裝備缺乏的情況作了一番檢討之後，不禁大感驚異，於是他指著在總長辦公室裡懸掛著的阿奇博德以及其前任米爾尼爵士，[13]兩個人的肖像怒喊著說，「這是兩個應負主要責任的人──他們應該被拖出去槍斃。」（對於米爾尼來說，這個判決也許是太重了。）

另有一個不同的習慣，效應可能更壞。那就是有著雄心壯志的軍官當他們發現自己將有升任將官的機會時，為了安全起見，就會對他們自己的想法和觀念採取三緘其口的態度，以便等到他們自己達到頂層時再來實現這些理想。不幸的是，通常的結果是他們經過那麼多年來為了雄心而強迫自我抑制之後，等到最後打開瓶蓋的時候，瓶中的內容卻早已蒸發掉了。

我發現各軍種的最高階層中，也正像政客之間一樣，精神勇氣是非常的缺乏。[14]同時也使我更感到驚訝的是，我發現那些曾經在表面上表現出高度勇氣的人，反而是最缺乏精神勇氣。其原因似乎是由於對個人前程的得失看得太重——尤其是一種不快樂的家庭生活，足以迫使人們不顧一切地尋求富貴。不過，其他足以降低精神勇氣的主因，則為缺乏私人的生活開銷，因為顧慮到兒女的教育問題，遂使某些軍官不敢得罪他們的上級。德國將領之所以屈服於希特勒之下，這個因素至為明顯。我對於這一點尤其了解，因為我曾經親眼看到相同因素在英國發生效用的情形，儘管在英國的環境還不像德國那樣的糟糕。

誠如我在我的回憶錄序文所云，因為是一個「自由作者」的關係，我覺得自己非常的幸運——雖然時常受到官方的諮詢，但卻從未曾受到官方

13 譯註：一九二六年二月十九日至一九三三年二月十九日，出任英國陸軍參謀總長。阿奇博德則於一九三三年二月十九日接任至一九三六年五月十五日結束任期。艾崙賽元帥是在二戰風雨飄搖的一九三九年九月四日至一九四〇年五月二十六日，也是英國在二戰期間「最黑暗的時刻」期間出掌英國陸軍。

14 譯註：所謂精神勇氣指的是不顧忌諱利害，而敢於直陳所見的勇氣。

的雇用和資助，所以當我尋求真實，和對我的意見作客觀的表達時，既不追求任何利益、也毫無企圖。根據我的經驗，世界上的煩惱大部份都是因為過度關切其他的利益所造成的結果。

盲目的忠心
Blinding Loyalties

從歷史上看，我們知道凡是對他們自己長官不忠的人，往往最喜歡教導他們的部下應該要效忠。不久以前有這樣一號人物，他是如此不斷的宣揚忠心，所以當他身居高位時，也就以此為口號，但對於這同一個人，其早年的長官、同僚和助手都私下透露，他為了升官，什麼東西都可以吞下去。

忠誠是一種高尚的品德，但它卻不可以是盲目的，而且也不能排拒對真理和禮義的高度忠心。但是這個「忠」字卻早已為人所濫用。如果加以分析，忠誠已經變成一種虛偽的客套話，其實際的內容也許等同於「一種上下相欺的騙局」。就此種意義而言，其本質即為自私——像一種奴性的忠，對於長官與部屬雙方都是同樣的毫無意義。他們彼此間是爾虞我詐，所以假使我們能透入得夠深，即可以發現一向為人所尊重的「忠」道，其根源卻是一種雙方的自私心理。「忠」是我們無法將其孤立的品格，如果它是真的、且具有真正的價值，則它也應該是蘊含在其他的美德之中。

這些不應有的「忠」也侵入了歷史的領域，並破壞它的成果。為求真而求真，即為歷史學家的特徵。有許多人從事此一職業，但真正有貢獻的卻是鳳毛麟角；不僅是因為缺乏天才，而是因為缺乏一種動機或決心，不能跟著光明前進，以至誤入歧途。太多的人都有情感上的包袱，儘管他們的主要動機並非基於對親屬、友誼、或師長的情感。然而，在歷史傳記的領域中，以上動機卻是非常普遍。等而下之的，又還有一些人希望歷史學家的結論能夠適應顧客或老闆的胃口。

在寫成的歷史著作與歷史的真實性之間，存在有一道鴻溝，而這種情形也許又以戰史的著作為甚。其原因之一是這些書的作者通常都是不曾受過史學訓練的軍人，另一個原因則為作者與主題之間，不管是基於認識或傳統，都存在著某種私人性質的連結。然而，還有一項較重要的原因，說謊，是一種意識上的習慣。對軍人而言，如「我的國家——不管是對還是不對」的說法應該是一種口號。此種必要的忠心，不管是對國家、對部隊、或對袍澤，都已經那樣的根深蒂固，所以當他從行動轉入思考時，也就很難改為採取史學家那種一心只忠於真實的態度。

即令是最公正不偏的史學家，也都不一定能夠達到全部的真實，但如果他能夠如此的「一心」，則多少能夠比較接近些。我們常常聽到某些參加過戰爭的著名人物說，某些插曲在戰史中「最好是能加以掩飾」，一位忠於其本業的史學家絕不可能提出這樣的建議。但那些大官們都是聲名卓著的人物，而他們對於自己所犯的過錯也可能毫不自知，那不僅是危害國家前途，而且也更違背真實，後者也正是榮譽的基礎。

艾德蒙將軍是一位負責編撰第一世界大戰英國官方軍事史的官員，他的故事對於這一點可作極顯著的例證。在歷史學家應具備的調查方法以及背景知識等，他都是很傑出、足以勝任此種工作。在他從事於此項工作的初期，他時常這樣說，由於他對軍種和舊時袍澤的忠忱，他在官方歷史上是不能記載有損於他們的那些史實，但他卻願意私下告訴其他的史學家這些史實——他也的確是這樣做了。但時間一久之後，他的年紀越來越大，他逐漸變得自我催眠，以至於相信凡是他認為事實上有所添加的一切必要掩飾，也就都是真的——即已成為事實的本體，而不僅為掩護的遮蓋。

要想在時間上來得及對第一次世界大戰獲得明確的教訓，以便使下一代在第二次世界大戰中可以身受其利——上述措施對於此種機會也就成為一種致命的阻礙。那些能夠免受官方牽制和制度拘束的史學家們，與其是以對誠實的先天個人優勢而感到自豪，則不如因此種不受限制而感到慶幸。

真理也許不是絕對的，但如果我們用一種純粹科學化的精神去尋求，並且在分析事實時，除了對真實本身的忠心以外，完全不受任何其他忠忱的影響，那麼就可以斷言，我們對於它是雖不中亦不遠矣。

這也就是說，在追求的過程中，我們必須準備捨棄本身一切偏愛的觀念和理論。

在軍事史的領域中，追求真實是比在任何其他領域中都更為困難。除了事實是那樣常被故意隱藏以外，又還需要特殊的技術知識。這種技術知識也使得軍事史的研究只限於由訓練有素的軍人來負責的傾向，而這些軍人又恰好缺乏在歷史學方法上的訓練。

此外，軍事組織也表現出一種自我的憂慮，他們害怕如果過去那些將軍們錯誤百出的真相被公佈了出來，則可能會影響到青年軍人對於現在和未來的將領們的信心。不過，若能認清軍事史中某些尋常的錯誤是層出不窮，好像已成為一種永無止境的循環，則也許能促使人們想到，唯一逃避的希望即在於對過去經驗作較公正的判斷，並用一種新的誠實態度來面對事實。

不過，那些害怕後果的人的觀點並非是無可取之處。在危機時代，信心的確非常重要。必須深入歷史之中，如此才會確信真實要比信心更為重要。

第二章

政府與自由：如何研究歷史

Government and Freedom

受蒙蔽的當權者
Blindfolded Authority

我們所有的人都會做蠢事——但比較聰明的人卻能認清他們自己曾做過的那些蠢事。最危險的錯誤，是不承認我們自己有犯錯的時候。這也正是一切當權者的通病。

現在姑且自第一次世界大戰中任意舉出一個例子。當有關凡爾登地區防務廢弛的報告，從前線經過潤飾而終於傳達到巴黎時，當時的法軍統帥霞飛元帥遂被要求應保證對該地區的防務進行改善。霞飛在答覆時不禁大怒，他不僅否認有任何值得憂慮的理由，而且還要求知道那些敢作此種

霞飛元帥

建議人員的姓名。他說：「在我指揮下的軍人，居然敢不經過正常的程序，而在政府面前對統帥命令的執行提出怨言或抗議，那是我所羞與為伍的……這是故意用來破壞軍隊中的紀律和精神。」

這份答覆也許應該加上一面鏡框，並且把它掛在世界各國一切官方組織的辦公室裡——以昭炯戒。因為在不到兩個月的時間之內，他的無畏論就像一個被刺穿的汽球一樣——崩潰了，並使法國軍隊受到慘重的損失。但在這一次事件中，又還是和過去經常發生的情形一樣，個人的報應不僅來得遲緩，而且在過程中也具有諷刺的意味。那位提出警告的人成為第一批的受害者之一，要靠前線戰士的英勇犧牲，才得以避免發生全面崩潰的大災難。這反而使霞飛一度在世人的心目中獲得了新的光榮。

在官方組織中，喬裝自己絕不犯錯可以說是一種本能。但在探究其原因後，我們也不能低估此種喬裝在各領域中所產生的禍害。

從歷史上得知，任何對當政者的批評，常常會受到自以為是的駁斥——這些批評者如果沒有遇上更壞的遭遇就已經算是幸運的了——但歷史卻又一再證明這些批評都是對的。所以，「反政府」是一種比表面所見，更富哲學意味的態度。因為所有一切的「政府」都有違反正直和真實標準的傾向——這是暗藏在其本質之內，所以在實際行動的過程中也就很難避免。

因此，一個不肩負政府治理責任的良好公民，對於政府也就具有監督的義務，否則政府就可能會損害某些基本目標，而政府的存在本來就是為了要替這些目標服務。政府本是一種不得已而設立的制度，所以必須加以經常的監督和管制。[1]

民主的約束
Restraints of Democracy

我們從歷史上得知民主制度通常都是尊重慣例。基於其本質，它是希望大家在思想上用最慢的步調前進，而不希望人們拆穿「上下相欺的騙局」。因此，此種政府制度是有造成「庸人多後福」的傾向——而第一流的人才，如果再加上秉性誠實，就包準出不了頭。但如果不採取民主制度，則另一種選擇即為專制主義，而其結果又幾乎必然是「愚昧的勝利」，那是比「庸碌的勝利」還要壞，所以兩害相權取其輕，依然還是應該選擇前者。

所以有才能的人最好還是同意讓自己承受犧牲，甘心接受庸才的統治，而千萬不可以去幫助建立另外一種政權。根據過去的經驗，那將會使野蠻愚昧的勢力坐上寶座，於是有才能的人也就被迫付出不誠實的代價，始足以保持他們的地位。

在英國和美國這兩個國家中，有價值且值得保衛的東西就是其自由的傳統——這也是其生機的保證。我們的文明，也和希臘一樣，儘管錯誤百出，但它卻能教授自由的價值、批評權威的價值——以及自由與秩序互相調和的價值。任何人，若為了效率的理由，而主張採取其他的制度，則形同出賣了主要的傳統。

在英國的政治中，發展成形並且又移植到大西洋彼岸的兩黨制經驗，

1 譯註：李德哈特的這種觀念與我國道家老莊之學頗為近似。

不管在其理論上有何種缺點，但比起曾經試用過的任何其他政府制度，都已展現出其實際的優點。我看不出社會主義（照這個名詞的「真正」意識來解釋的話）有任何的可能性，能達到並確保安全，而不趨向其邏輯上的終點——極權主義。社會主義根本上不能產生「良好」或「有效率」的社會；而且不管怎樣，它在英國只不過是改進了「貧民」的生活條件，但也就僅此而已。此種改進還是由勞合・喬治所發起，而它只不過是在繼承其餘蔭而已。

民主制度中的權力政治
Power Politics in a Democracy

在今天，權力在國際關係中所扮演的角色，已獲得較為全面的了解，而且也已經獲得普遍的認同。「權力政治」現在已成為很通用的名詞，就此足以代表一種對現實的認同，甚至勝過昔日盛行樂觀主義的年代。但在一國之內，權力究竟位置在那裡，以及它如何被行使，卻仍然缺乏共同的認知。

在民主制度中，權力是托付給各種不同的議會。在所有各政府階層，議會都是政治團體的主要機關——從地方議會一直到最高層級的國會。但議會達成決定的實際過程，卻和憲法理論中所設想的大不相同。更進一步說，某些因素雖與原則毫無關係，而且也是理論不重視的，但卻對結果具有強大的影響力。

雖然議會的集會通常都是在上午而非下午，但是晚餐卻可能提供一種適合於非正式討論的機會和氣氛，這種私人聚會要比那些正式召開的會議具有較巨大的影響力。此種非正式聚會通常都是小規模的，而且規模愈小則勢力也就愈大。「兩三個人集合在一起」也許要比二三十個人所組成的正式會議更有份量——後者時常受到前者的幕後支配，而前者則是由較大型正式議會中有份量的人所組成，在這些「大老」之外，其他有幸能入選的成員往往扮演這些「大老」顧問的角色；因此也就易於達成明確的結論，而此種結論又可能在正式的議會程序的決策過程來發表。

因為在任何人數達二十或三十位的集會中，意見一定非常分歧，所以任何結論只要是內容夠確實而具體，有經過良好思考的辯論來作有力的支持，而且又是由一位有份量的成員來提出，則通常都很易於獲得多數的同意——尤其是在議案提出時，若再能配合精心設計的臨場表現，也就更為容易成功了。

此種餐桌影響的最重要例證，在高層中去尋找是很容易找到的，在英國即為政府的內閣。我第一次了解這一點是在許多年以前，當時我碰巧與兩個人很接近，而他們恰好在前後任政府中出任同一個部門的部長。我發現第一位只是偶爾和首相共進晚餐，並且通常都是在較大型的餐會中；而第二位則每隔一兩天就會與首相在晚上餐敘，有時就只有他們兩人，偶爾還會加上一兩位其他親密的友人。我隨即發現這個部門先後所受到的「待遇」是大不相同，而且第二位部長對於許多超出其部門範圍的事務，也一樣能影響政府的決定。日後我在其他方面的觀察也都獲得同樣的結論。

在第二世界大戰之前，英國海軍部的高官們在倫敦上流社會的餐桌上也扮演著要角。他們這種「把酒言歡」的威力勝過了任何的武器，足以替皇家海軍在國防預算中贏得最大的一塊——儘管當戰爭爆發時，英國皇家海軍對德國空軍的應付能力卻依然那樣不足。戰前他們在餐桌上談話時，總是對皇家海軍的戰艦表達出充份的信心，認為不怕來自空中的攻擊；但當戰爭的考驗來臨，他們在遭受到重大損失之後，他們還是被迫修改己見。

根據憲法，英國的內閣是國家的決策機關——即國體之腦。但它卻是一個大型的委員會——因為太大了，所以不能當作一種真正有效的決策機關。由於認清了這個事實，所以官方也曾一再努力，試圖縮小它的規模。但這些努力絕大部份所獲致的結果，不過是使閣員人數略為減少而已，即設法使人數保持在二十名左右，而不讓增到三十人。這種有限度的縮減並不能造成太大的影響。為了讓各種意見都有表達的機會，二十個人的內閣會議並不比三十個人的內閣會議較好；而在作決定時，兩者都同樣受到一個更小型團體成員事先已作成結論的指導在導引。一九一七年，勞合．喬治為了應付當時的緊急狀態，曾組成一個五人「戰時內閣」，對一個必需講究效率的機關而言，這似乎要算是一種比較有用的設計。那是內閣中的內閣，邱吉爾在第二次世界大戰時也曾再度使用這種制度。

事實上是經常有一個「內層內閣」的存在，但通常無正式的地位，也許更適當的稱之為「親信內閣」。它是流動性的，其中也許包括幾位現任閣員，他們都是首相所依賴的主要支柱，又或是他認為必須要與之商討的人。其中也可能包括一些並無閣員身份的人士。因為人選都是取決於首相一人，入選者可能是對於首相最有幫助和能提供意見與點子的人。成員的根本條件是親信而不是身份。

在這種小圈子內的私下討論中，最高的政策問題會引起辯論，而且時常是在內閣會議之前即已作成明確決定——實際上，後者不過是一種批准此項決定的工具而已。這種方法似乎是違憲的，但只要首相事後在正式的內閣會議中，能夠把他的建議向閣員加以解釋，並且又能獲得他們的擁護，則又未嘗不是一種適當的安排。通常這樣做很少出現什麼問題，畢竟首相在內閣中居於必然的優勢地位，而且對於辯論又具有以逸待勞的便利。

作為對其地位的增強，首相個人特質愈堅強有力，則他的建議也就愈能輕鬆獲得通過。如果他推測會有問題發生，他可以事先與其閣員中最有份量的人懇談以獲共識。在多數情況中，他都可以期待無論他提出何種意見，都一定能獲得大多數閣員的同意。首相在主持內閣會議時，只要他已下定決心，並且已有經過思考的計劃，通常都不會受到阻礙，甚至於連嚴重的反對都不會有。凡此種種都是十分自然而且也十分合理的。

從現實的觀點來看，在因果關係上最重要的環節還是最初的部份——即促使首相策定決心的影響因素。這也就正是其親信顧問圈重要性之所在，他是慣於和他們討論國事，並從他們的身上吸取想法。所以，這批人和首相加在一起而成為政策的真正鑄造者。

除了充任首相的私人顧問，他們通常也提供謹慎的情報和聯絡服務。他們也許會用來作私底下的訪查，並使首相和他人的想法不至於脫節。他們同時也可能被指派在國內或國外擔負需要小心而精細執行的任務，在任何官方接觸開始之前，就要先採取試探行動。

在各部會中也可以發現類似的情形。尤其在某些部會，因為其權力名義上位置在某一「理事會」之內，所以更必須如此。在海陸空軍三部中，重要的問題通常都是在尚未提到「部門會議」之前，就早已由部長，參謀總長或常務次長等人在私下的討論中作了決定。當部長是一位性格堅強而有主見的人，也會在一兩個親信顧問協助之下形成自己政策的方向，同時他也依賴那些親信顧問來向他提供獨立而不受利益關係影響的意見。[2]

這種情形也只是仿效工商界經常使用的方法。通常公司的董事長總是只受到一兩個人的影響而並非董事會的全體成員。在政策問題上，董事會也許會加以修正和批准，但其性質的本身卻使它不適宜於成為政策的發想來源。

幕後人物
Men Behind the Scenes

首相、總統、或部長的「親信顧問」，通常很少以此種身份公開露面；儘管他們的影響力在政府高層官員中，常常會成為猜想、討論、和批評的對象。當他們愈出名，所受到的障礙也就愈大——因為他們的影響力必然會刺激較多的猜疑和嫉妒。這種障礙又不僅限於在內閣成員之外，對那些身兼部長或高級官員的顧問們尤其明顯。

在第一次世界大戰之前以及戰爭初期，勢力最大的親信顧問之一即為艾希爾勛爵。他從未身居高位，而他不願接受高位的次數都創造了紀錄——包括陸軍大臣和印度總督等要職在內。其後台勢力的來源是因為他深獲英王愛德華七世、喬治五世以及若干內閣領袖的信任。那個時代另一位出名的幕後人物是斯彭德，他也是《西敏公報》的編輯。

艾希爾

2 譯註：在英國三軍各部中分別有海軍之 The Board of Admiralty、陸軍之 The Army Council，及空軍之 The Air Council 等高階層會議，名稱不同而性質劃一，故今統一譯為「部門會議」。

實驗失敗的英國 R101 飛船。

時常令人注意的是在其報紙上的新聞專欄中，對於未來政情發展所作的預測，總是特別落後——其解釋是因為他與首相太親近，所知道的太多，反而使他噤若寒蟬，無法達成其主編的任務。

在英國第二屆工黨政府中，空軍大臣湯姆森勛爵對首相麥唐納也具有極大的影響作用，遠超過空軍部的權限，當湯姆森在R一〇一號飛船空難中喪命之後，[3]布強繼之成為麥唐納的親信顧問，並且在聯合政府時期成為他與保守黨領袖鮑爾溫之間的聯絡人。在鮑爾溫繼任首相之後，他與J. C. C.戴維森之間的私人情誼似乎又變成政府政策形成中的重要因素。威爾遜爵士自一九三〇年起即已擔任首席工業顧問，他對首相的服務是僅次於財政部長。當張伯倫於一九三七年擔任首相時，他的影響力也就變得更

3 譯註：一九三〇年十月四日，作為英國飛船民用化的實驗型飛船，「R101號」飛船在倫敦以北七十三公里處英格蘭中部卡丁頓（Cardington）的機場升空，載著空軍大臣湯姆森勛爵和英國民航局長布勞徹進行長程航行，目的地是印度的喀拉蚩。飛船剛飛越英吉利海峽來到法國的博韋市（Beauvais）上空時，遭遇陰雨和暴風天氣，最後墜毀於法國境內，造成四十八人死亡，英國的飛船研發計畫因此嘎然而止。

大——遍及整個政策領域，包括外交事務在內。大臣們時常抱怨說，他們每逢重大事件反而見不到首相，而必須由威爾遜爵士轉達，並從他那裡知道決策結果。

當邱吉爾在一九四〇年接任首相時，布拉肯和比費勃羅克勛爵在其顧問中所具有的重要地位也為人所共知。還有日後被冊封為齊威爾勛爵的林德曼教授，因為官方曾宣佈任命他為首相「私人助理」，所以他的顧問地位可以算是已經正規化了。另外還有一位就是莫爾頓少校。

雖然這一類親信顧問的實際價值已逐漸為人所接受，但他們在英國卻還是不像在美國那樣公開露面，仍然比較留在幕後。在美國，第一次世界大戰時，豪斯不僅是威爾遜總統的左右手，而且也是「其他的一半」，雖然他並無官職，但卻經常代表總統出席同盟國的會議。在第二次世界大戰期間，霍布金斯對於羅斯福總統來說也是一樣的重要，他是羅斯福的代表，同時也是羅斯福最親信和經常諮詢的顧問。

獨裁的模式
Pattern of Dictatorship

我們從歷史中獲知，一個自立為王的專制統治者有其一套標準的模式。

在奪取權力時：

他們會有意無意地利用人民對於現有政權的不滿，或是持不同意見群眾之間的敵對狀況。他們會首先對現有政府發動猛烈的攻擊，並且用天花亂墜的承諾來號召對現有政府不滿意的群眾加入（假使他們成功時，則對於所作的承諾最多也只能作有限度的兌現）。

他們宣稱他們只要求在一個短時間之內掌握絕對的權力，以後還是會還政於民（但以後卻「發現」此種時機是永遠不曾到來）。

他們故意製造一套他人陰謀反對的故事，以引發、激發民眾的同情，並在某種緊要階段利用這種手段來鞏固其權力。

奪得權力之後：

他們在不久之後便開始排除他們的主要協助者，「找出」那些幫助建立新秩序的人，一夕之間變成為他們口中的背叛者。

他們根據各種不同的藉口來禁止批評，任何人若敢提出對他們施政不利的事實，儘管那是真實的，還是會受到懲罰。

如果可能，他們會利用宗教；但如果宗教領袖們不聽話，則他們會製造出對其目的屈服的新宗教。

他們對於顯然具有宣傳效果的硬體建設不惜耗費公帑，以作為他們剝奪人民精神和思想自由的補償。

他們操縱通貨，以便使國家的經濟情況顯得比實際情形來得好。

他們最後會製造與其他國家的戰爭，以分散人民對國內情況的注意，並作為宣洩內部不滿情緒的工具。

他們以愛國為號召，以加強其個人權威和對人民的控制。

他們擴張國家的表面結構，卻挖空了它的基礎——犧牲能以自重的合作者，以培養阿諛取容之徒；以好大喜功來配合群眾的心理，而忽視真實的價值；並培養浪漫的觀點取代現實的觀點——結果遂必然難免最後的崩潰，即令他們本人不自取滅亡，也一定會禍延後代。

此種政治把戲，在從古到今的歷史上曾經一再重演，實在是已經沒有什麼好稀奇的了。但是，在新的一代總還是有人樂此不疲。

獨裁心理學
The Psychology of Dictatorship

我們從歷史上又得知，時間對獨裁心理學的改變並沒有很多。權力對於掌權者心理上的影響力，幾乎在任何時代和任何國家中，極其相似，尤其對那些憑藉成功的侵略而獲得權力的人來說更是如此。

一八一二年，拿破崙征俄戰爭的過程很值得加以追溯——目的不是要了解作戰的詳情，而是要把它當作一個客觀的教訓來看待，以此來解釋獨裁者的心理是如何運作的。研究《考蘭柯特回憶錄》對於這個研究尤其有幫助，因為考蘭柯特不僅參加過向莫斯科進攻的遠征，而且當拿破崙從俄國留下他的軍隊，聽其自生自滅，而先抽身返回法國時，他也正是拿破崙

拿破崙 1812 年的征俄失敗，沒有給希特勒帶來教訓。

所選擇的同行者之一。[4]

這次冒險毀滅了拿破崙對歐洲的支配，並使他的新秩序一敗塗地，其直接原因是拿破崙對俄國在其征服英國的計劃上所採取的態度，感到不滿和不安——而英國在拿破崙支配世界的道路上，也正是最後的障礙。從拿破崙眼中看來，俄國沙皇亞歷山大一世想緩和「大陸系統」的企圖，似乎是足以破壞他的整個封鎖行動，而他正依賴這種手段來減弱英國頑強抗拒談判的決心。

雖然當這種封鎖系統被發現有若干部分對法國人不利時，拿破崙曾主動容許作若干的修正，但對於他的盟友和佔領區，卻堅持貫徹到底。換言之，只顧他自己的利益而不管人家的死活。為了徹底貫徹那種根本上就不合理的命令，他遂決定用武力來對俄國貫徹他的意志。拿破崙沒有聽取身邊最親近和最聰明的顧問們的忠告而一意孤行。

4 譯註：原書名《我與拿破崙在俄羅斯並肩作戰》，*With Napoleon in Russia*。考蘭柯特為拿破崙親信的政治顧問，曾任駐俄大使，他本人是反對征俄的。

到了一八一二年六月中旬，他在波羅的海與普里皮特沼地之間的俄羅斯邊界，集結了四十五萬人的大軍——在當時可算是一個龐大的兵力。六月二十三日夜間十點鐘，工兵開始在尼門河上架橋，法軍隨後開始渡河。拿破崙當時意氣之盛，可以從他對考蘭柯特所說的話中表露無遺：「不要兩個月時間，俄國將會求和。」

在迫近維爾紐斯時，拿破崙發現俄國人已經棄守該城。[5]「這對於他來說真是非常傷心，因為他必須放棄在維爾紐斯城下進行一次偉大會戰的一切希望；於是為了發洩其胸中的怒火，他遂高聲痛罵他的敵人是懦夫。」

經過五個星期的作戰，儘管他已經深入敵境，卻只使敵人受到極輕微的損害；而他自己的軍隊在數量上已減少了三分之一，在戰鬥效率方面的損失則尤有過之。

誠如考蘭柯特所說的：「拿破崙相信，由於心中期待會要有一次會戰，所以也就一定會有一次會戰；他又相信他應該能贏得那次會戰，因為對於他而言是有非贏不可的必要。」所以他也就這樣被引著向斯摩棱斯克前進。[6]在進入那個燒焦了和被棄守的城市時，拿破崙遂感到重獲新的信心，於是他宣稱：「在一個月之內，我們就可以進入莫斯科；在六個星期之內，我們也將可以獲得和平。」

九月十四日，拿破崙到達莫斯科，發現俄國人又已撤出該城。當天夜裡莫斯科市區多處起火，要不了多久全城大部份即燒成一片火海。

俄國人焚毀莫斯科，終於使拿破崙的頭腦能夠冷靜下來。他開始急於想要尋求任何和平的機會。但他仍然不了解他所引起的怨恨有多大。最後，他依然逗留在焚毀後的莫斯科城內，妄想俄國人對於他的求和試探會有迅速的反應。適得其反的，俄國人卻認為這正是他處境日益困難的證據，而且此種判斷也的確沒有錯。十月二十五日，他勉強下令開始向斯摩棱斯克撤退。

當法軍於十一月九日到達斯摩棱斯克時，四十五萬人的大軍只剩下五

5 譯註：今立陶宛首都。

6 譯註：位於俄羅斯西部聶伯河畔，距離莫斯科三六〇公里，是斯摩棱斯克州的首府。

萬人而已。再撤到別列津納河時，其部隊逃過全軍覆沒的大難可以說是間不容髮。於是在到達斯莫爾貢之後，[7]拿破崙遂決定丟下他的軍隊，立即趕回巴黎，其目的是徵集新的兵馬，同時希望當征俄戰爭慘敗的消息傳到法國，以及那些被征服的歐洲各國的首都時，他已經回到了巴黎，並且憑藉其個人的出現重建人們的信心。

他曾經詳細批評麾下群臣的缺點和錯誤，對其中一人——即塔列宏，他曾作出下述的評語，卻大有「夫子自道」的意味：「只要你有一次行為像個流氓，那麼你的行為也就必定永遠不會像個笨蛋。」

對於不具浪漫氣質的史學家而言，拿破崙是流氓多於英雄，但對於哲學家而言，他甚至於是笨蛋多於流氓。他的愚行可以從他所懷抱的雄心和所追求的計劃中顯現出來，而其自欺的能力也適足以保證其挫敗。但略加思考後，又可以知道像這樣災情慘重的愚人愚事，大部份都是許多較小（也可能較好）的笨蛋（愚人）所創造出來的。浪漫愚行的魔力是如此的偉大！

我們知道，當拿破崙正要丟棄他的軍隊先行返國之前，他曾遍訪其饑寒交迫的官兵所住的營房，當他「走過那些不幸者的面前時，竟聽不到一聲怨言。他們只怪天氣不好，但對拿破崙的好大喜功卻不曾說過一句譴責之言。」就此，他終於相當放心地返抵了法國，並接受其臣民因為他的平安歸來所舉行的慶賀活動。於是拿破崙又在他們之間搜刮了新的預備兵力，並用他們當砲灰，來重新追求榮譽。

在拿破崙發動其征俄戰爭之後，幾乎又隔了整整一百二十九年，希特勒才又發動其對俄國的攻擊——時為一九四一年六月二十二日。[8]儘管在這一百二十九年間已出現了許多革命性的改變，但希特勒還是對下述的真理做出了一次悲劇式的示範——人們並不向歷史學習，而尤以人類中的「偉人」更是如此。

7 譯註：位於今日的白俄羅斯、格羅德諾州境內，距離莫斯科八一五公里。

8 譯註：行動代號「巴巴羅莎」（Operation Barbarossa），德軍出動三八〇萬大軍，揭開納粹德國對蘇俄侵略的序幕。希特勒堅信德軍能夠在一九四一年底前擊潰蘇俄的軍事力，如此德國在歐陸戰場東線就有了保障，屆時部隊即可再回頭攻擊因「不列顛空戰」久攻不下的英國。

納粹德國發動「巴巴羅莎」行動。

獨裁政權的基本缺點
The Basic Flaw in Dictatorship

像拿破崙那樣的獨裁政權，如果不承認他們曾獲得若干良好的成果，也是一種不誠實的態度。無論在物質或精神方面都可以找到這樣的成果，在不到幾年內，已經實現了許多社會改革和實際改進，而在民主制度之下也許要辯論幾十年都還不能作出決定。公共工程、藝術活動、和考古勘察都可以贏得獨裁者的興趣和支持，而那卻是代議民主制的政府所不感興趣的——因為他們並不能爭取到選票。

獨裁制度的另一個優點，是它們能夠刺激捨己為群的精神和同心協力的意識——不過這也有其一定的限度。就這一方面來說，它們對於國家的影響是和戰時頗為相似的。也像在戰爭中一樣，多數無權者所迅速產生的忠義之氣，往往遮掩了少數掌權者的陰謀。但是在這樣的土壤中的根會日益枯萎，而樹也會逐漸衰頹。所以較差的手段還是不會導致較好的結果。

他們自己的信仰宣言是專制政權的最真實考驗。在權衡其缺點時，毋需就特殊的個案來作辯論——儘管受害者言之鑿鑿，但他們卻經常會予以否認——自豪地宣稱這種情況本身就是可能發生的。

從古到今，產生人類進步潮流者即為人類的思想力。所以有思想的人必須反對任何形式的獨裁主義——因為它害怕不能迎合其一時的權威思想。

任何忠實的作家必須反對它——因為它主張採取內容審查制度。

任何真正的歷史學家必須反對它——因為他可以看得出來此種體制是有重演古老愚行和故意偽造歷史的傾向。

任何人若嘗試使用科學方法來解決問題，則也必須反對它——因為它拒絕承認批評即為科學的精髓。

總而言之，任何真實性的尋求者都必須反對它——因為它是不惜為了國家的便利性而犧牲真理，這也就會導致文明的停滯。

但僅僅是「反法西斯」或「反共產主義」還是不夠的。甚至於僅保衛自由也還是不夠的。假使我們僅以保持現狀為滿足，在面對內憂外患之時，也許就會很難於維持其已獲取的成就。今天人類之所以還能享有部份的自由，那應歸功於父執輩在十七、十八、十九等三個世紀中不斷努力的結果，所以他們必須繼續傳播自由的福音，並努力擴大對人類自由有必要關係的各種社會、經濟和政治條件。

困擾的趨勢
Disturbing Trends

與過去相比，並從一種超然的觀點來看，今天在英國、美國，以及其他民主國家的情況，我認為雖然在某些方面已有些改進，但在其他方面卻依然障礙重重——所以平均說來也還是每況愈下。

第一個因素即為「安全意識」的過度發展，那是官僚氣味多於現實意義，所以在執行時往往會令人感到啼笑皆非。今天英國國會（或美國國會）要想獲得適當的知識，以對國防問題發表有正向影響的評論時，確實已經比過去困難得多。另一個因素也和第一個因素有相關連的，即為「噤聲意識」的成長——這尤其足以影響到軍官們對所見到的事物提出批評。[9]

過去我和富勒對於當時的所有缺點和新發展所寫的許多文章，雖然常在陸軍部中引起麻煩，並使我們兩人成為大家討厭的對象——但官方卻未走到禁止發聲的地步。當時我們所提倡的所謂異端思想，現在都已經變成正規的想法——但任何人若企圖在思想領域中作新的躍進，和對於未來作新的展望，又或是批評現行的準則，則可能要比我們在過去還更難於獲得公開發表的許可。

強迫服役的荒謬
The Fallacy of Compulsion

我們從歷史中得知強迫性的原則實際上往往行不通。要想「限制」人做某件事那是有可能的；而且禁止或管制的原則，如果其應用是只限於制止干涉他人的自由，則可以說是完全合理的。但實際上，卻不可能「使」人做某事，此種強迫的努力將會得不償失。這種方法表面上看來似乎是可行，因為它對於那種常常猶豫不決的人往往可以收效。但對於堅決不願意的人，其使用卻必然會失敗，而且還會製造摩擦和造成投機取巧的行為，並終將破壞所尋求的效果。一種原則是否有效，其考驗是要在其結果中去尋找。

效率是出自熱心——因為只有熱心才能發展出有動力的行動。熱心和強迫是不能共存的——因為熱心是必須出自於自動自發。強迫必然會減弱熱心——因為它使熱心的泉源枯竭。大凡個人或民族，愈慣於自由的生活，則一經改變為被強迫時，其減弱作用也就更為顯著。

我花了許多年的時間來研究戰爭，而這種研究也逐漸超越現有的技術層面而走向其根源，遂使我改變了對徵兵制價值的舊有和傳統觀念。此種深入研究使我發現，強迫在根本上就缺乏效率，而徵兵制是已經落伍過時——在戰爭的趨勢上有日益朝素質化發展的時代中，這種方法卻像常

9 譯註：此處原文所用縮寫「P. R.」二字，無法猜透其原意，但就全文用意推敲似為「禁止發表」（Publication Restraint）之意。

春藤一樣緊纏在數量的標準上。在當前時代中，要想對新武器作有效的運用，則技巧和熱心也就變得空前的必要，而徵兵制卻繼續迷信於對單純數字的崇拜。

徵兵制已不合近代戰爭的條件——包括專精化的技術裝備、機動作戰、和情況的不明朗等。其成功是有賴於個人的日益主動，而那又是發源於個人的責任感——強迫則足以使責任感萎縮。而且，每一位非自願的人都是一個「細菌的傳播者」，他會到處傳播毒菌，所以強迫他服兵役實在是得不償失。

對於問題作更深入的觀察和思考之後，我於是認清造成近代大戰，並使全世界飽受其禍者，徵兵制也是罪魁之一。

對歷史經驗的分析可以作為此種邏輯推理的證明。近代化的徵兵制是誕生於法國——很諷刺的，它卻是革命熱情的私生子。在一個世代（約三十年）的時間之內，徵兵制已經變得那樣的天怒人怨，所以在拿破崙覆亡之後，法國人民的主要訴求即為廢除徵兵制。不過到了此時，它又移植到更為合適的土壤中——普魯士。接著在剛剛超過半世紀之後，普魯士所獲得的勝利遂又使徵兵制在法國再度出現。由於拿破崙三世的新一輪專制使法國人民適應了官僚主義的干涉和規範，所以徵兵制的重新恢復就顯得更為容易了。在那之後的一個世代，自由精神雖在法國復活，但寄生在其政體上的小官僚制度也隨之成長。法國人從此始終不能擺脫這種寄生蟲的禍害，而他們的努力卻只是發展成為腐化——這也是企圖用規避手段，來放鬆強制壓迫的無效努力所產生的自然後果。

今天大家都公認，此種由官僚制度所引起的腐化現象的滋長，實為法蘭西第三共和國的禍根。但若作深入研究以後，則可以發現更遠的原因——由於誤解了他們自己的原則，遂使法國革命創始者中的部份人士，採取一種根本與其原則實踐相對立的方法。

也許有人會以為徵兵制對於德國人的害處應該比較少，因為他們是比較容易接受規範，也缺乏根深蒂固的自由傳統。儘管如此，不容忽視的是納粹運動，就其本質而言，這還是一種志願性的運動——那是不輕易讓人加入，而且並非任何人都可以被吸收的運動；德國部隊中最重要的部份——例如空軍和某些特殊的單位——其召募方式也是採取一種半志願性質的方式。很少有證據顯示德國陸軍的一般正規部隊，能夠具有像那些精銳部隊一樣的高度熱情；相反的，有相當的證據顯示，此種強迫服役的「群眾」，在德國表面上的實力中反而構成了一種根本性的弱點。

誠如我已經說過的，此種制度是發源於法國大革命的混亂過程之中，然後被拿破崙利用來實現其自私的雄心，接著又轉而替普魯士軍國主義的利益服務。在破壞了十八世紀「理性時代」的基礎之後，它又已經替近代的非理性思潮做了鋪路的工作。

徵兵制有助於引起戰爭，但並不能加速它的發展——除了就消極的意識上來說，它可以加速厭戰心理和其他導致失敗的因素的成長。在一九一四年，徵兵制促成了戰爭的爆發，因為以徵兵制為基礎的軍隊一經動員之後，就會使全國的正常生活受到擾亂，並產生一種使談判變為不可能的氣氛——這也就使「動員的意義即為戰爭」的警告獲得了證實。在那次戰爭中，它的效力可以從俄羅斯、奧匈帝國、德國三國陸軍崩潰之前，以及法國和義大利陸軍衰頹之前的病狀中追溯得之。在戰爭壓力下宣告崩潰的，都是比較不自由的國家——而他們的崩潰順序也是依照其不自由的程度為序。對比著說，在戰爭第四年中最佳的戰鬥部隊，大家都一致認為應首推澳洲兵團——這支兵力的官兵不僅是反對徵兵制的，而且也最不主張不假思索的服從。

很值得注意的是，強迫服役觀念的提倡，在英國可以追溯到第二次世界大戰爆發的前幾年，而且甚至於是在徵兵制被採用之前——在那個時候，有一部份有影響力的英國人對納粹制度的社會發展頗為讚賞，而對於其所隱藏的危險卻不感到驚懼。在慕尼黑會議之前的那一個冬季，即已有人發動一種主張「國民普遍服役」的宣傳運動。羅希安勛爵在一九三八年三月曾投書《泰晤士報》，說明此種運動的宗旨，其目的是「不分平時或戰時」，都要把某種特殊形式的服役「分配給每一個人」。現在又已有人把它當作一種「教育」措施來重新加以提倡。

這種制度必然會壓制個人的判斷，它也違反了自由社會的基本原則：除了不得過度干涉他人的自由之外，個人自由應該是無限制的。我們個人自由的傳統是經過多少世紀的努力，才緩慢成熟的。在對抗外敵保衛自由之戰結束之後，卻在國內放棄了自由，對於我們（英國人）的歷史而言，實在是一種莫大的諷刺。在個人服務方面，自由的意義是你有忠於你的信念，選擇你的途徑，以及決定何種目標值得服務和犧牲的權利。這也就是自由人與國家奴隸之間的差異。

除非人民中的絕大多數都自願替它服務，否則這個國家本身也就一定有某種嚴重的弱點。在這種情形下，這個國家也就會經不起考驗——即令採取強迫服役的辦法，也不會有什麼重大差異。就目前而言，我們還未能獲得適當程度的自由，尤以經濟自由為甚；但對於我們前途的最佳保證，是在於提倡可供自由成長的條件，而不是放棄我們已經獲得的某些自由要義。

在宣揚強迫服役的觀念時，提倡者經常強調在某些非常時期，我們國家的「成文法」曾經採取此種原則。而在十八世紀和十九世紀初期，對於社會中比較貧窮的階級也曾偶然地實施過這種制度。但他們卻忽視了在此之前的上個半世紀中，我們國家已有進步的發展，而我們的自由觀念也進一步地擴大了。

由於英國文明的進步，我們才開始對於拉伕和販奴兩種制度表示懷疑，並終於加以廢除。作為對我們原則的違反，這兩種制度之間的邏輯連繫至為明顯。是否我們的文明現在已處於低潮呢？

另外一種強詞奪理的說法，認為既然歐陸國家早就已經對徵兵制習以為常，而這些國家當中也還包括著仍然維持民主制度的國家，所以我們毋需害怕採取徵兵制所造成的不良影響。但當我對於戰爭和近百年的歷史加以深入的研究之後，遂又認為徵兵制的發展已經妨害了自由觀念在歐陸國家中的成長，同時也損害了他們的效率——因為在暗中破壞了個人的責任感。此外也有太多的證據足以顯示，儘管英國只是暫時採用徵兵制，也已經對自由和民主的發展產生了一些永久性的損害。我個人是透過對效率的追求，才終於體會到，自由是最為重要的信念。我深信自由是效率的基礎，包括國家和軍事兩方面都一樣。若為了對抗極權國家作生存鬥爭之故，便讓自己也「走向極權主義的途徑」，那不僅是精神上的投降，而且也是真正的愚行。切斷了自由服務的動機，也就會使自由社會的生命泉源為之乾涸。

我們應該認清對於民族生活採取強迫原則是很容易，而一旦採取之後要想再擺脫則非常困難。一旦在平時對於個人的服務都已採取強迫方式，則也就很難抵抗此種原則向民族生活所有其他方面伸展，包括思想、言論，和寫作的自由在內。在尚未採取趨向於極權主義的決定性步驟之前，我們應作慎重的思考。我們是否由於對枷鎖已經感到很習慣，而不再想將它取下呢？

靠強迫來進步嗎？
Progress by Compulsion?

為了公正起見，我們必須承認許多提倡強迫服役的人是受到一種願望和信念的鼓勵，即相信它是一種可以用來達到良好目的的手段。此種觀念又是一種更為理想的一面，即認為可能「使」一人為善，這也就是說不僅應指示為善的方向，而且還要強迫人們朝這個方向走。許多改革者、大多數革命者，以及所有一切愛管閒事的人都持有這種理想。儘管那是一再受到歷史教訓的反駁，但卻仍然反覆出現。它與共產主義者和法西斯主義者的基本觀念密切相關——至少也是他們的表兄弟。

不過，在指出類似和荒謬之餘，我們又必須在此種原則的積極面和消極面之間劃分一條界線。消極方面所包括的，為制定一切法律以消除對進步的障礙，和阻止社會中自私或自然妨礙部份的干擾。它也許可以稱之為一種調節程序，與實際的強迫大不相同——後者嚴格說來，是一種強迫人們違反自己意志來作某種行為的積極程序。調節，就這個定義的消極或保護的意識上來說，對於真正進步的促進也許可以說是不僅必要而且有益。如能作高明的應用，那它將不會破壞自由的原則，因為它是被包括在「自由不容許干涉他人自由」的推論之內。更進一步說，它也符合進步的哲學法則：即消極替積極鋪路。保證真正前進的最佳機會，謹慎避免犯下過錯，即藉由破壞或歪曲歷史，來尋求進步。

同時，歷史也警告我們，即令就這種消極調節意識而言，想用命令來達成進步的努力都有引起反感的可能——至於就積極強迫意識而言，那當然只會更厲害。努力愈匆促，則對於其耐久性的冒險也就愈大。達到進步的確實方法，是激發和擴散改進的「思想」。只有來得自然、沒有摩擦，和當人類心靈已經成熟時，改革始能持久。所以在人的一生當中，如能灑播少許有益的思想種子，則比採取輕率的行動以生產大量的莠草要有價值得多。那也就使我們了解在影響與權力之間不僅是有差異，而且也真正是一種重大的差異。

第三章

戰爭與和平：當代省思與建言

War and Peace

對權力的欲望
The Desire for Power

歷史的經驗顯示，對真正進步的主要障礙，是從始至終都在盛行的「偉人」神話。雖然「偉大」這個名詞就一種比較的意識上來說也許還可以使用。但即使如此，其所指者還是特殊素質多於整體。「偉人」是一個泥土偶像，其基座是人類希望真命天子出世的天然願望所造成，而其身形則是由那些希望其他人把他們當作偉人看待，或以偉人自居的人們所雕塑而成。

在現有制度下獲得權力的那些人物當中，許多人本身是有其優點，而且也很少是毫無可取的。但為了保持他們的權力，最容易也似乎是最安全的辦法，即為訴諸於人民的「最低公分母」——即訴諸於直覺而不訴諸於理智；[1]訴諸於利益而不訴諸於正義，訴諸於權宜而不訴諸於原則。只談現實也許足以獲致尊敬，而高談理想則可能只會引起不信任。但實際上要想發現權宜之計，也許是天下最困難的事情——那很可能從這一權宜之計又會引到另一個權宜，如此形成一種永無止境的惡性循環。

權宜的近視性
The Short-sightedness of Expediency

我們從歷史中學會了所謂權宜或方便者，實際上很少能產生預期的效果。但是今天世界各國的政治家，一開口就是談如何打算佔便宜的話——似乎是害怕只要一說到「原則」就會被人認為是「不切實際」一樣。他們尤其喜歡強調「現實主義」的需要。假使其含意的確是代表歷史所教授的真正教訓，則此種態度也就應該算是合理的。舉例言之，把理想主義的力量估計過低也就是不現實。同樣的，忽視軍事原則和條件，而去採取政治

1 譯註：所謂「最低公分母」（lowest common denominator）在西方是一種很普遍的說法，而在我國卻不太習慣。其意義即為採取各種不同意見、態度或任何因素中的最低共同之點。例如在算術中，2為4、6、8三個數字的最低公分母。換言之，這三個數字中都至少包括有2這個因數。

步驟或作承諾則更是不現實。所以現實主義必須配合遠見，至少應該能夠看到前方的下一步或下下一步。

英國政策的優點，就是當環境形成時，它能有適應能力；其弱點則為缺乏遠見，未能事先阻止環境（通常也就是困難）的形成。近百年來的歷史，尤其是英國在地中海事務上的發展史來看，可以顯現出當英國的政策最接近於真誠的標準時，則不僅在精神上，就連在效果上也都是最好的。英國人的精神（道德）衝動和物質利用的互相拉扯，在其對土耳其的關係中產生了一連串驚濤駭浪。我們曾一再企圖培養土耳其蘇丹作為對抗法俄兩國在近東野心的工具，但又時常因為其臣民的行為使我們的正義感大為震驚，遂被迫不得不對他們採取行動。

從近百年來的歷史及其後果來看，我們愛好折衷妥協的民族天性，在事情的實踐上也似乎並非完全愉快。這樣微妙的調整，若想真正有效，則需要一位馬基維利式的人物——但英國人卻並非馬基維利主義者。他們始終不能完全抹殺良心，所以也就不能扮演這種角色。因此在任何非道德性的競爭中，不管口是心非也好，鐵血主義也好，英國人都是經常、也必然屈居下風。對於此種內在「弱點」的認清，也就可以看得出來英國人還是老老實實遵守道義比較好。無論怎樣，這種試驗是尚未嘗試過的。

反之，已有豐富的經驗顯示，由於英國人對道義和唯物主義之間的關係調整不當，遂使其一再陷於矛盾和危險之中。當我們信心滿滿以為土耳其會感恩圖報，但他們卻不曾忘記我們態度的不可靠。所以當我們使用影響力來幫助蘇丹和他的老朽宮庭派，對抗尋求改革的青年土耳其運動時，我們不僅斷送了英國約束他們採取過激行動的影響力，還把他們更往德國的懷抱中推送。

如果處理事情能夠較為得體，能有多一點的真誠，多有一點思量，世界局勢將會有如何的改變呢？尤為重要者，是在思量方面應要預視在前方的好幾步，並認清赦宥罪惡的危險。我們嘗試玩弄古老的外交把戲，卻不可能成功——因為我們還沒有良心喪盡，而舊式的現實政治提倡者，卻是能夠免受良心的譴責。

一個人若恬顏為「盜」，即只尋求自己的利益，而不考慮他人的任何利益，則他的觀點是可以被理解的。他也許能夠獲得他的利益，可是在實際上他的損失卻遠超過其所得，因為他是自毀靈魂。但如果有一個人在私生活中維持著某種道義標準，而在公眾和國際事務中卻提倡或至少默認叢林法則，那才真會令人大惑不解。還有，某些人一方面高談愛國主義的如何自我犧牲，以及精神的昇華，另一方面又在國際事務中宣揚純粹的自私，那才更是豈有此理。

如果不是有這樣的希望和理想，能夠提供精神繼續進步的機會，並使國家變得更好，那麼個人為了保存國家而犧牲自己又有何用？那也可以說他只是幫助保存了軀殼，所拯救的卻只是形式而非靈魂。只有一種「頑固」的愛國心才能夠作這樣毫無希望的愚行。

假使只像一隻貓那樣，僅眷戀牠自己在壁爐邊上的臥處卻對人類不屑一顧，則愛國心又還有何價值呢？而且也像貓一樣，一旦房屋著了火，這樣的「愛國者」也很可能會被燒死。

信守諾言的重要性
The Importance of Keeping Promises

文明是建立在信守諾言的行為之上。這似乎並不為人們所重視，但如果此種信心產生動搖，則整個人類文明的結構也就會隨之崩潰和沉淪。任何建設性的努力以及一切人際關係，包括個人的、政治的、商業的，都是依賴在信守承諾的觀念上。

從國家之間的集體安全問題，和從相關主題的歷史教訓中，都可以反映出此種真理。在第二次世界大戰以前的時代，經常有人指控此種真理的擁護者是食古不化，足以招致戰爭發生的危險。雖然因為他們忽視了使承諾兌現的必要條件，而顯得不夠聰明，但至少他們已表現出自己是誠實的人。而且就長期觀點來看，也比那些主張只要侵略者不傷害我們，我們就應該任其自由行動的人來說，我們與前者的基本共通點是來得更多一點。歷史一再證明，要想透過這種途徑獲得安全，實為最大的妄想。

慎作諾言的重要性

The Importance of Care about Making Promises

許下實際上不能兌現的諾言是不道德的——對方會因期待它的兌現而大上其當。基於這一點，我在一九三九年曾對英國給予波蘭的保證，就道德和實踐兩方面提出質疑。假使波蘭人認清英法兩國的軍事能力並不能使他們免於失敗，同時又認清楚此種失敗對他們個體和集體的意義是何等重大，那麼他們對於德國一開始提出相對溫和的要求——即但澤市和通過波蘭走廊的一條通道——就不應該採取堅決反對的態度。因為照我看來，他們是註定會失敗。一旦戰爭爆發，波蘭的損失將更為重大，所以我認為英國對波蘭所作出的承諾，實在是大錯特錯，因為那是鼓勵對方產生虛妄希望的承諾。

同時我也認為，任何類似這樣的承諾即為促使戰爭爆發的最佳途徑。其理由有三：第一、在如此緊張的時侯，對於一個我們一向認為在利益圈之外的地區作此種保證，那是必然會產生挑撥作用；第二、對於一個像德國那樣具有軍事意識的民族，這樣的保證足以刺激他們，要想用事實來證明我們的保證是不可能兌現的；第三、波蘭人一向在談判中特別表現出他們的強硬態度，對於任何問題都很難於達成合理解決，所以對這種民族態度，英國的保證自然也會產生增強作用。

史學家應能發現，在德國與波蘭之間存在已久的歷史問題，與英國、南非波爾共和國間的關係有某些類似之處。我們應該還記得當其他歐洲國家想勸說或壓迫我們與波爾人談判解決紛爭時，我們的反應是如何？既然我們在當時的反應是如此地強烈，那麼對於一個更充滿好戰精神的民族（德國人）來說，又如何可以希望他們的反應會不那麼強烈呢？尤其此種壓迫談判的企圖，又是以準備作戰作為雙方破局之後的選項。

我們可以回顧一下格萊斯頓這個人，他是一個比誰都更強烈譴責侵略行動的人。當他在一八六九年第一次出任英國首相時，為了啟迪維多利亞女王，曾對英國外交政策列舉一套指導原則。當時的環境是在各國集體安全體系尚未組成之前，所以和一九三九年的環境大致相似，但在這一年集體安全實際上也已經完全幻滅了。

格萊斯頓

在他眾多的引言之中，格萊斯頓曾經說過的下述一段話，不僅限於對英國本身，對其他國家在今天來看仍是有價值的說法。他說：「歐洲從未看到英國倒下去，但我們自己心知肚明，雖然英國在一八一五年是毫無疑問居於優勝地位，但為了獲得那樣的險勝，我們已經付出多大的代價，而使國內所有一切制度都面臨著內在的危險……英國是否實力已經高出其他國家甚遠，所以它可以放心宣佈隨時都準備用武力來矯正一切的過錯呢？這樣的宣佈和承諾所造成的後果，是否將使它的國力過早耗竭，或是將在實際行動之時發生崩潰呢？」

格萊斯頓所確定的原則是：「英國應該把估計其本身責任的工具完全掌握在自己的手中……英國不應容許自己對其他國家的承諾限制了自己做出選擇的自由……對於這些承諾，其他國家會要求至少應有共同解釋權……所以無論如何，英國的承諾是寧可太少而不可太多；英國不應給予弱者以會幫助它抵抗強者的期待，來作為對前者的鼓勵；反之應使用堅定而溫和的語氣，嘗試嚇阻強者，使其不向弱者發動侵略。」

戰爭細菌
The Germs of War

這一類的政策陷阱與戰爭本身的起因又具有密切關係。同情和反感、利益和忠忱都足以蒙蔽人們的視野，而這種短視也極易惹起怒火。

要想了解戰爭是如何被炮製以及它爆發的過程，最好的方法就是研究一九一四年之前五十年間的歷史。主要的影響不應從統治者、政治家和將軍們所編撰的正式檔案中去尋找，而該從他們文件邊緣上的批註，或口述的言論中去發掘。從這裡也能顯現出他們的直覺和偏見，缺乏「為真實本身而真實」的興致，以及對於訊息傳達正確性的漠視——而這也正是一種防制危險誤解的保險工具。

我認為「精確」就其最深刻的意義而言，實為一種基本美德，它是了解一切的基礎，支持進步的希望。大多數困難的原因都可以歸之於過度；為什麼不能克制這些困難則是由於不及；因此預防之道是在於適中。所以在由於語言或文字傳播所引起的困難情況中，它們的原因是可以歸之於「過度的陳述」，而它們不能解決的，是「不充分的陳述」，因此預防之道也就在於「正確的陳述」。以上所云對於私生活和公領域也都同樣適用。籠統的判斷、惡意的閒話、不精確的言論都足以傳播一種引入迷途的影響——這些都是一種精神和心靈喪失注意力的徵狀，因而足以引起戰爭。在研究它們的影響時，即可以使人們認清戰爭的細菌是存在於我們本身之內——而不是在經濟、政治、或宗教等領域中。除非我們已經把自己的病根治好，否則又如何可以希望世界能免於戰禍呢？

戰爭細菌如何發生作用
How the Germs Work

戰爭細菌在那些指導國家大事的人們身上尤其惡毒。在權力的環境底下，和追求權力的行為都足以幫助它們滋長。在調查第一次世界大戰的起源和發展時，就能很明白地追溯到其發生作用的方式。雖然經濟因素構成一種易於感染的原因，但深入又較具有決定性因素的，卻還是來自人性

德皇威廉二世

中，包括佔有慾、競爭意識、虛榮心、和好鬥心等，所有這些又都受到滋長不精確性及不真誠態度的培養。

在第一次世界大戰之前的二十五年當中，最重要病徵之一可以從德皇威廉二世的虛榮心，以及其對英國又愛又恨的奇異綜合情感，對他的虛榮心所產生的影響中發現。若能了解他的此種性格，則我們也就可以看出英王愛德華七世對於其外甥（即威廉二世）所慣用的輕蔑態度，是如何經常性地引起前者的反感。

當戰爭即將爆發的前夕，我們又可以看到奧匈帝國與俄羅斯兩國政府對於過去恥辱的怨恨，和對於任何新的「顏面喪失」的畏懼，這二者所產生的作用是如此地巨大。這兩國政府，尤其他們的外交部長，都是寧願讓千萬人遭受戰禍，而不願意委屈他們那已經受到傷害的自尊心。而在危機剛剛開始的緊要關頭上，由於威廉二世鼓勵奧匈政府採取強烈行動，結果遂使後者爬上了一種「只能前進，不能後退」的位置。

再沒有比那個時候更能明白顯現出歷史的諷刺，以及歷史上那些決定性因素的荒謬。這些危機的起因是奧匈帝國皇儲菲迪南大公爵的遇刺，凶手是幾個斯拉夫青年，他們是受到號稱「黑手」的塞爾維亞秘密組織的支援。他們殺死了一個在奧國具有影響力的人，這個人也許是他們的潛在友人，並且是一個可能使他們的希望得以實現的人物。

奧匈帝國政府對於菲迪南的被刺在私底下也許是感到慶幸，但卻用它來當作壓迫塞爾維亞的理由。德皇威廉二世在事件剛爆發時是支持奧國政府對塞爾維亞實施高壓手段的，其原因不外乎下述兩點：一、由於一位皇親貴胄的被刺引起其同為皇族在意識上的憤怒；二、他害怕如果作出溫和的主張，將被人們責備為示弱的表現。當他後來看到戰爭已經一觸即發時，於是嘗試打退堂鼓，但卻為時已晚。在奧國政府方面，害怕如果表現出猶豫的態度，則以後就會喪失德國的支援，遂趕緊對塞爾維亞宣戰，而不顧此舉會引起全面性戰爭的危險。

對塞爾維亞的威脅，也相當於對俄國的冒犯，因為俄國政府一向視所有的斯拉夫國家都是在其保護之下。因為已經獲得法國的支援保證，所以俄國政府就決定動員在奧國接壤邊界上的部隊。但此時俄國的軍人表示反對，他們認為像這樣的局部動員在技術上是不可行的，所以堅持必須發佈

費迪南大公爵夫婦遭到刺殺，最終引發了第一次世界大戰。

總動員，即同時對德國方面的戰線也要被動員起來。

相關各國的軍人對「軍事理由」的堅持，使他們對大戰的爆發應付直接的責任。德國參謀本部除私下唆使奧國參謀本部利用此種情況之外，當時也利用俄國下令動員為工具，以克服威廉二世為時已晚的慎重態度。他們以軍事形勢利在速戰為由，終於說服德皇同意對俄宣戰。遂又發動對法國的戰爭——這不僅是因為法國是俄國的盟友，更因為德國的軍事計劃構想，本來就是著眼於同時對俄法兩國的作戰。其設計是如此缺乏彈性，以至於不能修改，否則就會使全盤計劃都遭到破壞。所以，儘管德皇和他的首相都曾作出微弱的反對，但德國對法國卻依然做出了宣戰。

由於德國的傳統軍事計劃就是準備通過比利時，以迂迴邊界的要塞，此種破壞比利時中立的行動也就把英國給捲入了戰爭，因為英國是保證比利時中立態度的國家之一。英國已事先暗中放棄其傳統的孤立政策，而與法國簽訂一種半獨立式的協定；但使情況變得更為複雜的是，英國參謀本部又背著英國內閣，和法國參謀本部作成有關部隊運輸的詳細安排——所以德國破壞比利時中立無異於替英國解除了一個外交政策上的「戈第亞結」。[2]

就我們這一方面來說，被捲入戰爭的教訓，可作為一個顯著的例證，足以說明我們英國與其他國家達成模糊的協定，而不首先考量背後複雜的含意和軍事方面的問題。但在另一方面，則是一個更觸目驚心的例證，證明容許純軍事觀念，並根據技術觀點擬定硬性的計劃，而不顧及較具智慧的政治、經濟和道德方面的考量，實為一種莫大的愚行。其結果就是，當一旦原定的軍事計劃行不通時，德國也就已經落入陷阱而無法脫身。

戰爭細菌如何頑抗不滅
How the Germs Persist

在所有國家尚未力竭之前，類似的影響破壞了可以令人感到滿意的條

2 譯註：Gordian knot 為希臘傳說中弋第亞王所打的一個死結，相傳有人能解此結即可君臨小亞細亞。當亞歷山大大帝東征來到弗里吉亞時，拔刀把它斬為兩段。一般作為使用非常規方法解決不可解問題的隱喻。所以用在此處的含意即為在一擊之下，而把所有的困難都解決了。

件，以使戰爭結束的任何良好機會。在一戰期間的一九一七年，德國的主和派曾經一度控制德皇威廉二世，並準備不僅撤出其所有已征服的地區，而且實際上還願意把亞爾薩斯-洛林二省的全部（除一小部份例外）歸還法國。換言之，法國不必再犧牲生命即可以獲得許多利益，幾乎和其在一年後戰爭結束時所實際獲得的一樣多。

亞歷山大．里博

據艾希爾勛爵日後所揭露的內幕，由於法國外長亞歷山大．里博氣度狹隘，對於求和的試探是透過政敵白里安來進行深感不安，遂希望此一試探遭受破壞，而且也始終不曾讓英國政府知道內情。「其根本動機為法國外長和外交部的嫉妒。」當日後這些事實被公開時，里博也因此而去職；但到了那個時候，由於求和被拒，威廉二世早已被迫重返主戰派的懷抱。

同樣的，當奧匈帝國新君卡爾一世，嘗試擺脫德國以獨立媾和時，他的試探也同樣遭到拒絕，因此又喪失了另一次極好的機會——其原因是基於義大利外長桑尼諾[3]和法國總理雷蒙·普恩加萊兩人過猶不及的雄心壯志所致。結果他們一方面隱瞞這個消息不讓英美兩國政府知道，另一方面則設法通知德國，以破壞奧皇的計劃。

在德國方面，個人之間的明爭暗鬥的發生也同樣很尋常。馬克斯·霍夫曼將軍可以說是德國高級指揮組織中的最佳頭腦，當他親眼看到法爾根漢派[4]與興登堡-魯登道夫派之間的權力鬥爭時，不禁深有所感。[5]他的話

3 譯註：西德尼·桑尼諾，曾任義大利總理、財務部長、財政部長，右派人士。一戰期間的一九一四年至一九一九年間擔任外交部長，並在戰後代表義大利參與一九一九年的巴黎和會。

4 譯註：以埃里希·馮·法爾根漢將軍為首的派系，法爾根漢於一九一四年至一九一六年間擔任德軍總參謀長。

對於此種鬥爭要算是最好的說明，所以值得加以引述：

「當一個人對於這些有勢力的要人作近距離觀察時——可以看到他們彼此之間的惡劣關係，他們互相衝突的野心，以及所有一切的誹謗和仇恨——除非他在內心裡必須經常記著在對方陣營中、在法國人、英國人和俄國人之間的關係必然更壞，否則他就可能要得神經病……對於權力和個人地位的競爭，似乎足以毀滅一切的人格。我相信唯一能夠確保其榮譽的人，也就是獨立生活的人；他沒有明爭暗鬥的需要。」

任何戰史若僅只論及其戰略和政治的過程，則所呈現的也不過是一種表面的圖像而已。人事上的暗流牽涉愈深，對於結果也可能會有更深的影響。所以無怪霍夫曼會這樣感慨言之：「這是我有生以來第一次在近距離看『歷史』，現在我才知道其實際過程與留給後世看的是大不相同的東西。」

我們從歷史中學會了戰爭培養戰爭的道理，那是理所當然的。戰爭的環境刺激各種不同好戰毒菌的成長，而且對於它們的再生構成有利的條件——並且帶著不自覺的諷刺意味，那又常被稱之為重建和平。

在一場歷久而疲憊的戰爭之後，尤其是當某一方面似乎已確定獲得勝利之後，則對於此種毒菌的復活會產生特別有利的條件。因為在那樣的環境中，那些屬於戰敗方的人們，自然有把他們所遭遇到的一切困難都歸罪於勝利者，認為一切的原因就是失敗所造成的，而不是他們本

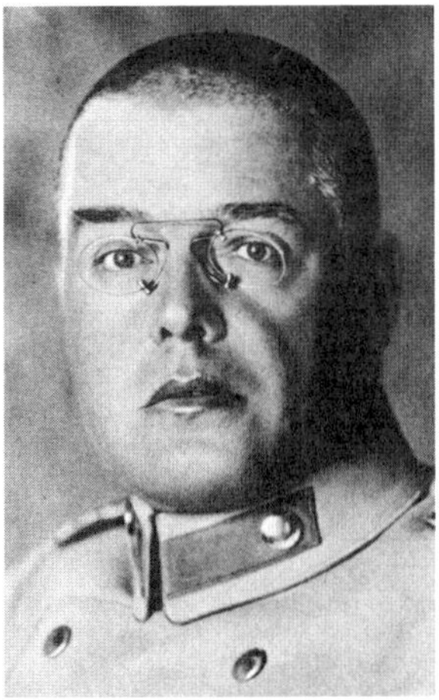

霍夫曼

5 譯註：一九一四年，興登堡與魯登道夫聯手在坦能堡會戰中擊敗俄軍，前者升為德國陸軍元帥。霍夫曼則對興登堡極盡嘲諷之能事，認為魯登道夫才是主導指揮的將領，而非興登堡。

身的愚行。他們感覺到如果他們能夠贏得勝利，則任何惡劣後果也都可以被避免。

虛幻的勝利
The Illusion of Victory

我們從歷史中又得知完全的勝利從未為勝利者帶來所期待的結果，也就是一個美好而持久的和平。因為勝利往往也同時撒下了新的戰爭種子，勝利會使戰敗者產生一種雪恥復仇的願望，在這同時也會引起新的競爭。如果勝利是由一個同盟者所獲得，（這種結果是通常的情形）於是也就造成一種最普遍的後果，即自然排除一個強有力的第三者的遏制。

第一項教訓當盛怒冷靜之後往往即能被認清。第二項教訓則比較不那樣明顯，所以也許值得加以申論。一個太完全的勝利，必然會使締結公正和明智的和約變得複雜。因為不再有一個反對力量來抗衡，所以勝利者的貪欲將無法受到控制，同盟之間的意見和利益衝突也就無法加以克制。彼此間的歧見將日益尖銳化，最後將使面對共同安全問題的夥伴反目成仇——所以一個戰爭中的同盟國，往往會變成下一次戰爭的敵人。

勝利的真意應暗喻著和平的狀況，而且對於自己的人民來說，其在戰後的狀況應該要比戰前來得更好才對。要想獲得此種意識的和平，唯一可能的途徑有二：第一，使戰爭獲得一個迅速的結果；第二，雖非長期的努力，但卻能使對國家資源的消耗與節約的努力相稱。應調整目的以適應手段。寧願為了維護和平之故，而甘冒戰爭的危險。但卻不應為了追求勝利，而在戰爭中甘冒拼到精疲力竭的危險——此種結論雖然和慣例相反，但卻受到過去經驗的支持。的確是這樣

一戰結束後的《凡爾賽條約》談判。

的，對過去的經驗做深入的研究以後，使我們獲得下述結論：國家在戰爭中如能利用短暫的休息空檔來討論和平解決方案，往往可以獲得比追求「勝利」而苦戰不休更能接近他們的目的。

當雙方勢均力敵，任何一方都難於獲得速決的合理機會時，聰穎的政治家應能從戰略心理學中習得一些教訓。那是一條戰略基本原則：當你發現敵人據有堅固陣地而不易攻克時，那麼你就應給他留下一條退路，這正是鬆弛其抵抗的最快方法。這也同樣應該是擬定政策的原則，尤其是在戰時，應向你的對手提供梯子，好讓他可以從高處爬下來。

節制的重要性
The Importance of Moderation

我們從歷史中學會了在任何長期戰爭之後，倖存者將會獲得一項共同的意見，那就是說，沒有真正的勝利者，而只有普遍的損失者。僅當勝利能夠迅速贏得時，戰爭才會有利。只有侵略者才能希望贏得迅速的勝利。

假使他受到挫折，則除非能用彼此協議的方式來結束戰爭，否則戰爭也就必然會拖長，並將會兩敗俱傷。

因為侵略者是有所求而趨於戰爭，所以他在交戰雙方中，是比較願意謀求協議以求和平。被侵略者通常都是想透過對勝利的追求以來達到復仇的目的——儘管所有一切經驗都已經證明，勝利不過是長期戰爭所創造的沙漠中的海市蜃樓。此種報復願望固然合乎自然，但結果卻自己傷害了自己。即使這種願望能夠實現，結果也只會冤冤相報、永無已時。所以任何聰明的政治家一旦發現戰爭已有拖長趨勢時，就應立即悔悟，開始考慮用協議方式來結束戰爭的可能性。

被侵略者如果主動求和，也許是不智的，因為那可能會被對方誤認為示弱或畏懼的表現。但當敵人作任何求和試探時，則都應加以重視，這樣才是明智的態度。即令最初的建議並無有利的內容，但一旦對方政府已經開始謀和之後，也就比較容易設法使其修改條件，而這也是一種瓦解對方民心士氣的最佳方法，當他們發現廉價勝利的希望正在消失時，也就自然有希望和平的趨勢——尤其當他們可以不受征服而即能恢復和平，更是何樂而不為。相反的，受攻擊方的人民也經常具有較強烈的戰鬥意志，所以在任何談判中也就比較堅定，直到所要求的條件獲得滿足時為止。

古代希臘歷史上曾經指出，在民主制度中，情緒支配理性的程度要比在任何其他政治制度中都更大。結果是情緒的衝動使國家易於投入戰爭，但卻難於退出戰爭——不到拼得你死我活時決不肯罷休。民主是這樣一種制度，對於戰爭的準備，無論是侵略性或防禦性，都能產生節制作用，但卻不能有助於戰爭的限制或良好和平的希望。當怒火燃起時，任何政治制度都不像民主制度那樣易於喪失控制。在近代民主國家中，這些缺點更形擴大，因為這些國家的體型已經增大，而其巨大的選民也能協助產生更巨大的情緒壓力。

歷史應能使政治家明白，在完全征服的和平與真正節制的和平之間，並無實際的折中。歷史也已經指出前者將會使勝利者陷入無止境的困境之中，除非他能達到趕盡殺絕的程度，而這實際上是不可能的。後者則要求一種如此合理化的解決方式，足以使失敗者不僅願意接受它，更認為維持此種和平是對於自己有利。

在獲得勝利之後，威靈頓公爵對歐洲前途的最佳貢獻，即為對法國和約的完成。在佔領被征服國家時，他的意圖就是要保護該國人民不受虧待，正好與過去他用這種政策當作打開其侵入道路的工具是相同的。他儘量制止其同盟者作過度的報復行動——甚至在巴黎耶納橋上設置一個英軍崗哨，來阻止普軍統帥蒲留歇想要炸毀它的行動。對於自己的軍隊，他更堅持要求他們以身作則，表現溫和、有禮、和自制的作風。

到草擬和約條款時，普魯士和其他日爾曼國家都要求應分裂法國，並迫使它付出巨額賠款，以補償他們的損失和保障他們的安全。威靈頓卻運用其影響力來反對此種要求。他完全認清這種不節制的行動是不明智的，以壓迫為基礎的和平更是毫無安全可言。

因為他真正地了解戰爭，所以他才會那樣善於確保和平。他是軍人中最無軍閥氣質，而且毫無虛榮心。正因為能認清和平的價值，所以他在戰爭中才會那樣立於不敗之地。因為他的目光始終釘在目標上，所以不會誤認手段為目標。與拿破崙不同，他並不受戰爭的浪漫性感染，那是足以產生幻想和自欺。這也就是拿破崙為何會失敗，而威靈頓為何會成功的根本

威靈頓公爵

原因。

這是歷史中一再出現的幻覺，以為當前的敵人和過去任何時代的都大不相同，而且更為凶惡。值得注意的是，此種印象不僅一再出現，而且所用的詞句也都如出一轍。甚至於連史學家離開過去，轉向他們自己那個時代的問題時，也都有喪失平衡的趨勢。著名的史學家司徒布斯在一八六〇年，當英國人正在擔憂拿破崙三世的侵入時，曾經問說：為什麼「英國人和日爾曼人經常是歷史中愛好和平的民族呢？」（此種說法完全不合乎歷史。）他對其所提問題的答覆是——「因為法國今天所表現的，正和一千年來的情形完全一樣，那就是侵略、放肆、和虛偽。」

今天在西方有一種流行的觀感，即認為對蘇俄和共產中國那種共產政權是絕無「共存」妥協的可能性，又或是即令可能也決不會持久——而他們仍將繼續利用機會，儘量爭取更多的收穫。在有關極權主義趨勢的經驗和知識中，這種想法是可以獲得充份的理由。但這種想法若正確，則當西方政治家採取對抗措施時，也就愈應在內心中記著一個出自警察經驗的悠久教訓——「強盜若非不得脫身，決不會殺人」（窮寇勿追）。在國際社會中亦復如此。

從另一方面來說，如果戰爭能夠順延到相當長久的時間，則緊張局勢也就幾乎注定最後還是會趨於鬆弛，這種例證在歷史上經常出現。因為情況在不斷的改變，它們永遠不會靜止不動。但太活躍、太急躁、甚至揠苗助長，則經常是危險的。充滿戰爭氣味的情況只有兩種變化的可能。如果能夠不投降而避免戰爭，最後情況就一定會好轉。

如幻影般的條約
The Illusion of Treaties

歷史的明確教訓之一，就是除非簽約國認為基於其本身的利益，而有繼續遵守之必要，否則任何條約也就都會喪失其效力。我敢斷言，任何認真研究歷史的學者都不會相信「條約神聖」的空言。

控制國家之間關係的是利益，而不是道德原則，我們必須面對此種事實。於是也就可以認清條約的效力是依賴在共同的利益之上。這可以提供一種有效的保證。雖然站在劣勢上來談判是不安全的，但若雙方顯然是勢均力敵，則在任何談判中就可以比較有成功希望。因為在那樣的情況中，雙方都知道任一方獲得勝利的機會都很小，而雙方拼得兩敗俱傷的機會則很大，尤其是以後雙方都可能會受到第三方利益的支配，後者對於鬥爭可能會是置身於事外，或僅作有限度的參與。

羅馬人曾經有這樣一句警語：「假使你希望和平，就應準備戰爭。」（If you want peace, prepare for war）[6]但是他們所打過的許多次戰爭，並且從他們那個時代起，所曾發生過的一連串永無止境的戰爭，都足以證明此種說法的錯誤，又或者可以說它是太簡單，沒有經過詳細的思考。美國柯立芝總統在第一次世界大戰之後曾經很譏諷的說過：「從來沒有一個國家的軍隊，強大到足夠保證其在平時不受攻擊，或在戰時穩操勝券的。」

6 譯註：原文 Si vis pacem, para bellum，是引述自公元四世紀，西羅馬帝國時期的軍事作家維蓋提烏斯（Publius Flavius Vegetius Renatus）在其著作《論軍事》（*De re militari*）中的一句名言。這句話如今成為世界多國軍隊的座右銘。

在研究戰爭是如何爆發時，我在第一次世界大戰後整理出一句比較趨近於事實的一句話：「假使你希望和平，就應了解戰爭。」（If you wish for peace, understand war）第二次世界大戰以及戰後的發展，對於此種結論更足以產生增強作用。它指引著一條通往和平的「道路」，那是比任何計劃都更有希望——後者經常被證明僅為「空中樓閣」。

對於任何的和平計劃，不但很可能是無益而且是有害的。像大多數的計劃作為一樣，除了物質方面的之外，它們都是因為忽視了人性而行不通的。更糟糕的是，在這種計劃上所建立的期望愈高，則當其崩潰時引起戰爭的可能性也就愈大。

對於和平而言，並沒有可以像醫師在處方箋上用公式來寫出的一種萬靈藥。但我們卻可以擬定一套實際的要點——從古今人類經驗的總和中，抽引出幾個基本原則。

第一、研究戰爭，並從歷史中學習。

第二、只要可能，應儘量保持強大的實力。

第三、在任何情況中，都應保持冷靜。

第四、應有無限的耐性。

第五、絕對不要迫使對方作負隅之鬥，並且經常要幫助他顧全面子。

第六、設身處地站在對方的位子上，然後透過他的眼光來看一切的事物。

第七、應絕對避免自以為是的態度，再沒有比這種態度更能使人變成如此自我盲目。

第八、必須力戒兩種最基本的致命妄想——勝利的觀念和戰爭不能加以限制的觀念。

約在公元前五百年的《孫子兵法》，是至今據我們所知研究戰爭與和平問題最早的一本書。以上所列的八點，都曾經或明示或暗示的包含在那一本書中。自從那個時代起，人類又已經打了許多次戰爭，大體都是無效的，足以證明這些民族從歷史中所曾經學得的教訓又是如何的渺小。但這個教訓本身卻是歷久不滅的。時至今日，由於氫彈的發展，對於雙方而言，唯一的生存希望都寄托在這八項政策支柱的小心維持之上。

知識份子的兩難
The Dilemma of the Intellectual

知識份子和他們的批評者似乎都沒有認識到思想者固有的兩難困境及其必然性。此種矛盾必須正視，因為那是任何人類心靈成長的一種天性。

身為一個知識份子，應認清這個世界上受到人類情感的影響，此種情感是不受理性的控制——如果他缺乏此種認識，則他的思想也就會很淺磔，而他的觀察也會很狹隘。不過，一旦他學會了思考，並用理性來作為其指引之後，除非他自己停止了思考，或是故意對自己的思想不誠實，否則他不可能隨俗浮沉和適應群眾情感的激烈變化。而在後述的情況中（即不忠於自己的思想），他也就無異於作慢性的良知自殺，那是一種如同「凌遲」般的酷刑。

對於過去的左翼（知識份子）所曾遭受的痼疾加以深入的診斷，也許可以發現他們困境的來源，不是由於追隨理性而走得太遠，而是走得還不夠遠——不足以認清非理性的一般威力。同時他們之中又有許多人，似乎未能對理性作內在的應用——換言之，不能利用理性來控制自己的情感。於是，他們不自知的幫助把這個國家（英國）送入如同上一次大戰般的泥沼，而結果他們自己也同樣陷入了一種良知的泥沼。

喬治．歐威爾對於這個問題曾作過相當精闢的批評，[7]當他說「在困境中，情緒是推動智能向前的力量」時，也的確代表一種淵博的真理。他所指的是「種族驕傲、領袖崇拜、宗教信仰、戰爭愛好」等根深蒂固而又猛烈的力量。不過，此外又還有「其他強大」的情感存在。知識份子本身的能力是發源於一種情緒：對真實的渴望，一種想擴大知識和了解的願望。誠如對世界史的研究所充份指出者，這種情緒對於世界的形成有頗大的貢獻。僅當有思想的人開始對思想的指導權力喪失信心，並容許他自己變成當時導引群眾情緒的工具時，其能力的泉源就會乾枯。

7 譯註：英國左翼作家，新聞記者和社會評論家。著有《動物農莊》（*Animal Farm*）和《一九八四》（*Nineteen Eighty-Four*）等名著。他的作品在冷戰時期被視為是反蘇和反共的代表作。

一九六四年，英國哲學家羅素曾經說：「說服政府和人民，使其認識核子戰爭的禍害，這種任務已經大致完成」，接著他又說：「那是使用一種煽動的方法來組合完成的。」[8]假使說有一件事情至為明顯，那就是此種煽動方法相較於合乎邏輯的辯論，其效力實在是差得太遠。軍事領袖們之所以能確認清楚核子戰爭是無效和有自我毀滅的傾向，那都是應歸功於後者而不是前者。

對於「先知」在人類進步中所扮演的重大角色，歷史即是一種見證，這也足以證明一個人對於其所認清的真理作毫無保留發表的最後實用價值。但同時也證明，他們的觀點之所以被接受和傳播，又往往要依賴另外一類人——充任戰略思想家的「領袖」，他們要在真理與人類的接受能力之間作一種折衷。他們在認識真理的能力上固然比較有限，但在宣揚真理的工作上卻具有實用的智慧。當此種限制愈小而智慧又愈大時，他們的功效也就愈大。

先知者應該殉道，那是他們的命運，也是他們成道的考驗。但一個領袖若也以身殉道，則只證明他缺乏智慧，不能完成任務，又或是把他自己的任務與先知的任務混淆了。只有時間才能判斷此種犧牲的價值，雖然作為一個領袖表面上是失敗了，但作為一個男子漢的榮譽，對於此種失敗又可以產生抵消作用。至少，他能夠避免一般領袖常犯的過失——為了貪小便宜而犧牲真理，但結果卻又未能獲得利益。那些慣於見利忘義的人，在其思想子宮中所產生的，將是畸形的胎兒。

在趨向於實現真理的進步，與趨向於接受真理的進步之間，有無使其合而為一的實際方法？若能反省戰略原則，則對這個問題即可提供一種可能的解答。此種原則指出一方面應經常維持不變的目標，另一方面在追求目標時所採取的方法，必須儘量適應環境。

真理必然會遭到反對，尤其是當它採取一種新觀念形式時更是如此，但若能不僅考慮目標，而且也能考慮其達到的方法，則此種反對的程度還

8 譯註：諾貝爾文學獎得主，英國哲學家、數學家和邏輯學家，致力於哲學的大眾化、普及化。曾於一九二〇年與美國人文哲學家杜威（John Dewey）同時間在中國講學一年，一九二二年出版了《中國問題》（*The Problem of China*）一書。

是可以設法減低的。若能避免對一個長期構築的陣地作正面攻擊，而採取側面迂迴行動，則比較易於突破的部份，也就可能會暴露在真理的突擊之下。但在任何這種間接路線中，必須注意不得與真理背道而馳。對於真理的真正進步而言，最危險的錯誤莫過於誤入非真理的歧途。

若能從個人的經驗中去尋找例證，對這些理論的意義也就可以比較容易明瞭。只要回顧過去各種不同新觀念獲得接受的經過，即可以看出一種全新、未被採納的觀念在一開始被提出時，如果不過是一種現在已經為人所遺忘的古老原則或措施，加上近代化名詞的復活，那麼其被接受的過程也就會變得較為容易。這也不需要欺騙，而只需要小心追溯新舊之間的連繫——因為「在太陽底下本來就沒有新東西」。

我們來舉一個顯著的例子。在說明機動裝甲車輛、快速運動的戰車，本來就是從過去的裝甲騎兵一脈相傳下來的產物，因此可以說是恢復了騎兵在古代所擔負的那種決定性任務的一種手段，人們於是對機械化觀念的反對也就因此而減緩。

過去裝甲車輛繼承了騎兵，如今直升機也有了這樣的地位。

服從的局限性
The Limitations of Conformity

許多偉大的學者都相信一種毫無歷史根據的謬論：為了要指揮，你就應學會服從。過去許多名將都是桀敖不馴之徒——在英國陸軍方面有伍爾夫和威靈頓，海軍方面有納爾遜和鄧多納德；在法國，拿破崙的諸多將領亦復如此。

美國的李將軍在西點軍校時的品行極為端正，從來沒有犯錯的記錄，所以其同學稱之為「大理石像」，但薛曼和格蘭特卻完全和他相反，他們常常不守校規。當薛曼升到美國陸軍最高的位階之後，他回顧往事時還曾經這樣諷刺的說：「當年也像現在一樣，認為衣飾的整潔，和對於規則的嚴格服從，是軍官的合格條件，我想我在這些條件的任何一方面都是不出眾的。」至於說到格蘭特，當他還是軍校學生時，曾經衷心地祈禱，希望國會一項有關撤消軍校的法案能夠通過，以免他再受折磨！

把他們青年時期的記錄與李氏的記錄作一個比較，任何心理學家都會預測只要給予機會，他們都可能有希望成為成功的指揮官。同樣的，如果把他們投入戰爭的嚴格考驗中，也是有出頭的機會。

一個模範青年通常很少會有什麼成就的，而且也都經不起嚴格的考驗。一個在學校裡完全服從校規的孩子，在長大成人之後，也就不太可能突破他那個時代的刻板規則而達到成功的位階——通常要想成功往往需要如此。如果這又要求發展出更為廣大的觀點，則可能性也就會更小。而當軍人不僅為一個部隊指揮官，並且還要充任政府的戰略顧問時，這種觀點又正是必要的。有關李氏將道的奇蹟不是其傳奇式的天才，而是他如何克服障礙的方法——這種障礙又是內在更多於外在的。

羅伯・李

薛曼

武力的問題
The Problem of Force

我愈對歷史經驗加以反省，也就愈發現用武力所獲得的解方是不穩定的。在某些情況中，雖然從表面上看，武力似乎已經解決了問題，但結果仍有令人質疑的餘地。但問題仍然是我們是否有能力消除世界上的武力，而不是因為我們已經失去了理性的這種理由。

除此之外，即使我們有冒險的決心，但能否取消武力又還是另一個疑問。因為決心較弱的人仍將緊抓著這種保護不放手，而這樣做也就會破壞不抵抗的可能效力。對於這種進退維谷的情況是否有任何出路？

至少還有一種解方從未嘗試過——那就是武力的持有人應該已經能夠控制一切使用武力欲望的人。這種解決也就是劇作家蕭伯納在《巴巴拉少校》劇本中說過的一句話的延伸：「除非火藥製造者變成了希臘文教授——他內心中所想的是毛雷——又或是希臘文教授變成火藥製造者，否則戰爭就會繼續發展永無已時。」而蕭伯納的說法又是源自於柏拉圖的結論：「除非統治者變成哲學家，或哲學家變成統治者，否則人類的事務將永無公正之日。」

假使控制武裝部隊的人都是深知用兵之害的人，則對武力的誤用就有了最接近安全的保險。而一旦文明的敵人逼迫他非使用武力不可時，則這樣的人對於它的使用也比較能接近最高度的效率標準。因為戰爭變得愈複雜，則要對其作有效的指導也愈有賴對其性質和效力的了解；而對近代戰爭的研究愈深入，也就愈確信戰爭是無效的。[9]

限制戰爭的問題
The Problem of Limiting War

戰爭可以限制嗎？按照邏輯來說：「不可以。戰爭為暴力的領域，對於任何暴力的極致，只要能夠幫助你贏得戰爭，都應毅然使用，如有任何

9 譯註：此與孫子所謂「不盡知用兵之害者，則不盡知用兵之利」是大意相同。

猶豫也就不合邏輯。」

歷史的答覆則是：「這種邏輯是胡說。你之所以進入戰爭，是為了要贏得和平，而非為戰鬥而戰鬥。暴力的極致可能會妨害你贏得和平的目的，勝利變成『迴力鏢』。[10]而且，戰爭早已在多方面受到限制，這也正是歷史性的事實。」

只要閱讀凱撒大帝撰寫的《高盧戰記》，你也許就會承認，希特勒比起那位譽滿天下的羅馬文明傳教士，實在要算是一位相當溫和的好人，而那種文明又正是許多古典學者所崇拜的。但就羅馬人最壞的標準來說，比起在羅馬帝國崩潰之後，也就是所謂「羅馬和平」崩潰之後的歐洲黑暗時代中，我們自己的祖先，以及所有西方民族的祖先，羅馬人還算是遠較善良的。撒克遜人和法蘭克人的習慣是在他們的路上見人就殺——不分婦孺老幼——對於一切村鎮和農作物也都是盡情破壞，毫無人性。

那些時代的「總體戰」是如何逐漸改變得較為人道化，其經過很值得研究。那是一個「上上下下」的故事——但上卻遠比下多。

第一個拯救人類的勢力為基督教會。甚至在它尚未使西方的異教征服者皈依之前，即已能利用他們的迷信，成功地約束他們的野蠻行為。其中最著名的努力之一，即為要求交戰雙方在某一特定時間停止交戰的「上帝休戰」。在第十世紀時所採用的「上帝和平」，其目的是想使非戰鬥人員和他們的財產可以有豁免的保證。接著又有所謂「上帝休戰期」的規定，即企圖利用這種方法來限制每年可以進行戰鬥的天數。

另一種較大的奧援是來自所謂的「騎士精神」，似乎是發源於阿拉伯。在這裡我們必須承認，穆罕默德的信徒，要比西方基督的信徒能更快地發展出人道上的習慣——雖然穆罕默德本人比摩西更具有舊時代的精神。不過，與東方的接觸又幫助了騎士精神在西方的成長。這種規則雖然有許多弊端，但仍能使戰爭人道化——即使其變得更為「形式化」了。

經濟因素同時也有幫助。付出贖金以交換釋放戰俘的慣例，可能是出於實利的動機者較多，而出於騎士精神者較少。但就本質而言，那總算是

10 譯註：迴力鏢為澳洲原住民所使用的一種獵具，其特點為投擲出去之後會自動飛回，用在此處暗示自作自受之意。

一種善意，而且也有良好的效果。最初其適用範圍僅限能夠付得起贖金的人。但是像一切的習慣一樣，此種習慣也是會逐漸擴散的，於是逐漸變成對所有戰敗被俘的人都一律不殺的風氣，算是邁進了一大步。

傭兵的發展也有助於此種日益增強的限制習慣，這些是當時真正的職業軍人。首先，這些職業軍人逐漸了解，如果彼此的行動能有所節制，結果對雙方都有利。接著雇用他們的金主也開始認清，如能制止他們搶劫雙方的平民，則對雙方都有利。

很不幸的，由於宗教戰爭的爆發又帶來嚴重的挫折，而這又源自於宗教改革。宗教狂熱刺激了野蠻行為，教會的分裂破壞了其精神權威，並且把它從一種約束的力量，轉變成推動的工具。宗教燃起仇恨的怒火和煽動戰爭的狂熱。這個時代的高潮即為「三十年戰爭」，日爾曼諸國的人口有一半以上都直接或間接地死於這次的戰爭之中。

但是這些戰爭中的野蠻程度都還沒有像歐洲黑暗時代那樣巨大。而且，這些暴力的過度發揮又產生了一種普遍的反感，也就因此帶來了一個空前未有的進步。所以在戰爭中走極端也許是合乎「邏輯」的，但並不合乎「理性」。

另外一種重要的影響力，為比較形式化的禮貌儀節在社會生活中的發展。這種禮貌的規則也傳入了國際關係的領域。這兩個因素——理性與禮貌，使文明得倖免於崩潰。人們逐漸感覺到為了使平時的生活還過得去，人與人之間的關係又能維持，行為是重於信仰，習慣是重於教條。

十八世紀中期，對戰爭習慣方面所作的改進，以及對戰爭罪惡的減輕，是人類文明的一大成就。它顯示出一種光明的前途：即如果能用形式化的手段，逐漸限制戰爭，則也許能有從根本上消弭戰爭的一天。此種改進受到下述事實的幫助，即在這個時代中，戰爭工具沒有任何激烈的改變。因為經驗告訴我們，每當有了新的發展——不論是技術性的或政治性的——都能使現有秩序動盪不安，戰爭的野蠻程度也就可能會隨之而擴大。

在十八世紀終了時，一個巨大的政治改變曾經顯現出這種惡劣的影響，那就是法國大革命破壞了在戰爭中限制暴力的規則。不過法國大革命所引發的戰爭，即令就最惡劣的情形來說，也還沒有十七世紀宗教戰爭那樣可怕。在拿破崙敗亡之後，對法和約條款的寬大是一種幫助文明復興的明智措施，這應感謝英國的影響，其代表者即為威靈頓和卡斯爾雷。對於這一點，最好的證據就是，歐洲要再經過了半個世紀，才有另一次嚴重的戰爭爆發。

全般而論，十九世紀還是可以看到在戰爭中人道限制的趨勢仍繼續不變。這可以用一八六四年和一九〇六年的《日內瓦公約》，以及一八九九年和一九〇七年的《海牙公約》為代表。前者是以保護傷患為主，而後者的範圍更為廣泛。

內戰則有過度惡化的發展趨勢，在十九世紀中葉也看到這種戰爭的一次重大發展。

美國南北戰爭是鐵路、輪船和電報成為重要因素的第一場戰爭，而這些新工具也對戰略產生了革命性的影響。另一種重要改變是來自於人口成長和集中化的趨勢——二者都是日益工業化的產品。其整體影響為增多了經濟目標和精神目標的數量，而且也使它們變得較為易毀。這又轉而加強想要打擊對方軍事力量的根源，而不在打擊其防盾（即武裝部隊）的動機。

這是近代民主制度之間的第一次戰爭。北軍的薛曼看得非常清楚，民主制度的抵抗力有賴於人民的意志力，其依賴程度甚至遠超過軍事實力。他的戰略曾對這點進行卓越的運用，以求能實現其大戰略中的主要目的。他通過南方的心臟地區長驅直入，並毀滅南方的資源，為了在敵人境內創造和散佈「繼續作戰將會是無望」的氛圍，此舉實乃最為有效的方法。

薛曼的進軍在南方敵人後方所造成的恐怖，以後也留下了痛苦的回憶，並且使薛曼的名聲在歷史上因此而受到損傷。不過，如果不是在林肯遭遇暗殺之後，北方聯邦內的激進份子因此而得勢，以致使和平安排受到報復觀念的支配，則南方的痛苦或怨恨是否還會那樣持久或嚴重，也似乎頗有疑問。至於薛曼本人，在內心中卻知道，在製造和平時有節制之必要。當他接受南方將軍詹斯頓部隊投降時所擬定的降約，條件可以說是非常的寬大，他還因此受到來自華府的猛烈斥責。此外，他為了民族團結的前途，堅決主張對那些南方被征服地區必須給予妥善的照顧，並協助其復員與復興。

美國南北戰爭是鐵路、輪船和電報成為重要元素的第一場戰爭。

今日戰爭的人道化進展受到三種因素的危害，其中之一即徵兵制的持續存在。其次是新戰爭理論的發展，它體現了革命過程中和拿破崙理念實踐的過程中所有最危險的特徵。那個理論是由克勞塞維茲在普魯士所演化而成的。克勞塞維茲對於邏輯是作最為極端的追求，他認為沒有節制性戰爭這一回事。他說：「戰爭是追求極限暴力的行動。」當他的概念做了修正之後，他也就逐漸認清了此種邏輯的荒謬。很不幸的，在他尚未能夠修改其著作之前即已逝世，而他的門徒卻只記得其極端的起點。最後一個危險因素也同時在發展中，即兵器方面的驚人發展。

在這三個因素的聯手影響之下，第一次世界大戰遂以一種惡劣的方式開始，而且愈變愈壞。和約的性質更加深了戰爭的惡果；任何民族只要士氣尚未永遠崩潰，也就勢必會想方設法規避那種苛刻和恥辱的條件。使前途變得更為惡劣者，又有下述兩種原因：一、當和約簽訂時，歐洲已趨於匱竭和混亂的狀況；二、由於多年來無限制的暴力而產生普遍性的退化。

在第二次世界大戰之前即已看到第一種效果，其開端為對人民施以完善的組織動員來替國家服務。第二種效果的表現，是在戰時對被征服人民的虐待。

相反的，在軍事方面，第二次世界大戰的行為標準在許多方面，都比第一次世界大戰時佳。即令在最壞的方面來說，也從未降到十八世紀以前的水準。各國軍隊大致都能遵守已經建立的戰爭規律。軍事暴行似乎要比第一次世界大戰時少許多。

但不幸的是，此種在文明方面的收穫卻被新武器的發展給抵消了，對於此種發展並未有人考慮到應該施加任何明確的限制，而且也沒有來得及建立任何規律。由於空權大步成長的結果，遂使其從空中執行轟炸行動時，完全不顧及人道的限制。這樣所產生的破壞程度是自從三十年戰爭以來所僅見，在許多地區也造成生活條件之退化。的確如此，在城市的毀滅上，第二次世界大戰是開創了自從成吉斯汗和帖木兒發動戰爭之後的最高記錄。

據我們過去所知的「總體戰」，其與核子時代是不匹配的。總體戰的目的、努力和暴力的程度都是無限的。用核子力量來進行的無限戰爭，將會比毫無意識還要壞，這將會是相互毀滅。在下一代最可能出現的鬥爭形

空權大步成長的結果，遂使其從空中執行轟炸行動時，完全不顧及人道的限制。

式，將是我稱之為「顛覆戰」的形式，又或者是其他某種形式的「有限」戰爭。

裁軍的問題
The Problem of Disarmament

第一次世界大戰之後，在國際安全競賽中，「裁軍」是一位起步遲而又跑得極慢的選手。經過長時間的預備討論之後，世界裁軍會議終於在一九三二年於日內瓦召開。但在會議召開前的幾個月，日本即已在遠東嘗試發動其漫長的侵略行動。

在第二次世界大戰結束後的第二年，此種計劃遂又告復活。裁軍問題突然在聯合國的議程中推向前緣，儘管當聯大在一九四六年秋季於紐約召開會議時，議程中還不曾提到這個問題。

這種復活在開始時是採取一種間接的方式，起因為蘇俄提議調查每個國家駐在國外的部隊數量。提出後隨即引起一連串的爭論。最後卻達成一個意想不到的結論，即要求對軍備作全面性的裁減；而且更令人感到驚訝的，是在原則上又接受了國際監察的觀念。在此之前，大家都因為此舉侵犯國家主權而加以反對。在甘迺迪與赫魯雪夫所簽訂的《核子禁試條約》中，對於此項原則卻已作出部份的實踐。[11]

經驗顯示，在任何國際安全或裁軍的計劃中，都有一項不甚顯著卻很根本的缺點，那就是各個專家之間的意見很難取得協調。會議經常因為技術觀點的不同而一再拖長，以至於政治上的熱誠日益消沉，達成協議的希望也就趨於暗淡。這也不是什麼好奇怪的事情了。

對於較深入的戰爭問題（其與執行層面大有區別），若欲聽取陸海空軍將領們的意見，那就如同你要與住家附近的藥房老闆討論醫治長期重病

11 譯註：Partial Test Ban Treaty, PTBT，亦稱《局部禁止核子試爆條約》。全稱《禁止在大氣層、太空和水下進行核武試驗條約》（Treaty Banning Nuclear Weapon Tests in the Atmosphere, in Outer Space and Under Water），一九六三年八月五日，英國、美國和蘇聯在莫斯科簽署條約，同年十月十日生效。禁止除地下外的一切核武試驗，以達到減緩冷戰期間的軍備競賽，並防止核試造成大氣中放射性塵埃過量的問題。

的方法。儘管他對配藥很在行，但他卻不了解疾病的因果關係，或是病患的心理因素。

儘管經驗已經指出，為了預防戰爭，國際性計劃並非是安全的，但較早的經驗卻又顯示，如能自制，就長期而言還是對自己有利，如此使得遵守限制的國際習慣也就有發展的可能。戰爭愈能「形式化」，則其所造成的損害也就愈小。過去在這個方向上的努力所獲得的成功，遠超過一般人所認識的程度。

獨立的國家不承認主權有高低之分，所以它們之間的戰爭與個人之間的戰鬥有其基本類似之處。在限制那些陰狠暗殺手段的過程中，直到國家的權威已經足以強制執行法律判決時為止，中世紀初期的「決鬥裁判」曾作過有益的貢獻。[12]早在兩人的「單打獨鬥」被法律接受為有效執行判決以前，決鬥裁判的規則早即已受到普遍的尊重。對於此種規則的價值，孟德斯鳩的《論法的精神》一書中曾經有過適當的綜述。[13]他說，正好像許多聰明的事情，常常會用非常愚蠢的方法來執行一樣，所以有某些愚蠢的事情，其執行的方式卻反而是非常聰明的。

當教會和國家的權威為中世紀後期的混戰所動搖時，「單打獨鬥」又以「決鬥」的形式復活。十六世紀的義大利，由於一大套規則的使用，遂使決鬥的危險逐漸消失，「形式化」終於使其變得有名無實。在其他地方，尤其是法國，決鬥持續存在的時間比較長，但其逐漸「形式化」也還是一項重要因素，使得法律、理性、和人類情感得以共同來制止此種行為。即令從最壞的方面來說，決鬥的風俗也還是可以對暴戾的情緒進行有節制的發洩，以制止更激烈、更血腥的決鬥方式再恢復。

同樣的，在文藝復興時期，義大利城市國家之間的戰爭，以及十八世紀歐洲民族國家之間的大規模戰爭，不僅證明了人類的好鬥性，而且也證明了節制它的可能性。這些戰爭對於侵略本能和某些天然好戰的人類是一

12 譯註：決鬥裁判是一種特殊的神判法，當法庭上的原告、被告雙方說辭相互矛盾的時候，就通過決鬥來解決。有時候，當事人甚至提出要和法官決鬥，以證明自己的「清白」。

13 譯註：中文譯本最初名為《法意》，英文書名是 *The Spirit of the Laws*，是亞里士多德之後第一本綜合性法學、政治學著作。

種宣洩，但同時卻把戰爭的暴力控制在某種限度之內，這樣是有益於文明的發展。這樣的戰爭也許要算是一種必需品，雖然理想主義者可能不願意承認，但在限制戰爭罪惡方面，它們的貢獻實在是超過了一般人的認識。

非正規戰爭的問題
The Problem of Irregular Warfare

由於在世界各地，各種不同形式的非正規戰爭正方興未艾，其形式包括了游擊戰、「顛覆」和「抵抗運動」等。所以裁軍，或對戰爭加以形式化限制的發展也變得日益複雜。

比起以前的任何時代，游擊戰已成為本世紀的鬥爭當中，非常重要的形式。也只有到了二十世紀，它才在西方軍事理論中，開始獲得比輕微程度略多的關注。儘管在過去的時代，也不乏非正規部隊採取武裝行動的先例。克勞塞維茲在其巨著《戰爭論》中，只用了一個很短的章節來討論這個問題，那是放在書中的第六篇內。那一篇是以討論「防禦」在各種不同方面的主題，共三十章，而游擊戰的討論則是在這篇將近結束之處。[14]在把「武裝人民」當作一種對抗侵入者的防禦措施來討論時，他曾經列舉成功的條件及其限制，但卻不曾論及有關的政治問題。同時他對於西班牙人民對拿破崙大軍的抵抗也只是略為提及，而那卻是游擊戰在他那個時代的戰爭中最為顯著的例證。「游擊戰」成為正式的軍語，也是發源於此。[15]

一個世紀之後，在阿拉伯的勞倫斯所著的《智慧七柱》一書中，對於這個主題曾有廣泛和深入的分析。[16]他對游擊戰理論的傑出構想是以其攻擊價值為重點，那是他在反對土耳其統治的「阿拉伯叛變」中所獲得的經驗與反省之綜合產物。此種叛變一方面是爭取獨立的鬥爭，另一方面也是協約國對土耳其作戰的其中一部份。那個發生在中東的外圍作戰行動，是第一次世界大戰中，唯一一個以游擊行動發揮重要影響作用的戰役。游擊

14 譯註：該章為第二十六章，章名為「全民武裝」（The People in Arms）。
15 譯註：「游擊戰」的原文為 guerrilla，本為西班牙語，其原意為「小戰」。
16 譯註：勞倫斯根據自己在一九一六年至一九一八年，以英國聯絡官的身份參與阿拉伯起義的經歷所著的傳記。

阿拉伯的勞倫斯（二排右二）。

行動在歐洲戰場上則是毫無重要性可言。

不過，在第二次世界大戰時，游擊戰是變得那樣的廣泛，幾乎成為普遍現象。在所有為德軍所佔領的歐洲國家，和大多數為日軍所佔領的遠東國家中，都有發動游擊戰。游擊戰受到關注，大概可以回溯到勞倫斯所造成的深刻印象，尤以在邱吉爾心目中為甚。在一九四〇年德軍蹂躪法國之後，英國陷於孤立，於是利用游擊戰作為一種對抗手段，成為邱吉爾的戰爭政策之一部份。此種抵抗運動的成功，在程度上各有不同，而行動最有效的是在南斯拉夫由狄托所領導的共產黨游擊隊民兵。

與此同時，自一九二〇年代以來，中國共產黨在遠東展開了更為廣泛和持久的游擊戰，在毛澤東的領導下，他們發揮了越來越重要的作用。日後，游擊戰與顛覆戰相互結合，遂開始向東南亞以及世界上其他地區蔓延，並且獲得成功。在非洲，以阿爾及利亞為起點、在塞浦路斯、在大西洋彼岸的古巴、現在又再度回到中東。此種作戰很可能仍將繼續發展，因為只有這種戰爭才能適合近代的條件，而同時又最適合利用社會不安、種族仇恨和民族主義的狂熱。

關於這個問題，美洲的切格瓦拉在一九六〇年所寫的著作——《游擊戰》，是一本綜合卡斯楚所領導的古巴革命中，所應用的方法和經驗的教科書。

說到抵抗運動的貢獻，在第二次世界大戰時，武裝抵抗兵力毫無疑問的曾對德國構成相當的壓力。但若對這些在後方的行動加以分析，可以發現他們的影響在很大程度上與我方強大的正規軍的行動相結合以後，足以使敵軍為了與其作戰，而從前線抽出預備隊去應對。除非已有強大攻勢吸引敵人的主要注意力，或是此種威脅已迫在眉睫，否則他們只能產生擾亂作用而已。

在其他時候，抵抗的效力還不如廣泛的消極抵抗，而且也使他們本國人民受到較多的損害。他們所引起的報復，遠比其加諸於敵人的傷害更為

切格瓦拉

嚴重。他們使敵方部隊有了採取暴力行動的機會，對於駐在敵對國家中的部隊而言，往往是一種放鬆神經的有利手段。游擊隊所直接造成的，以及在報復過程中所間接造成的物質損毀，不僅會增加本國人民的痛苦，而且對光復後的重建也構成障礙。但最嚴重、也是最持久的障礙，又還是屬於精神層面的。

暴力的習慣在非正規戰爭中要比正規戰爭易於生根。正規戰時服從合法權力的習慣可以產生制衡作用，而在非正規戰時卻提倡反對權力和破壞規則。在這樣一個已經挖鬆了的基礎上，要想重建一個國家，尤其是一個安定的國家，將會變得非常困難。

對勞倫斯在阿拉伯的戰役，以及我們對於那個主題的討論作了一番反省之後，遂使我開始認清游擊戰的危險後果。我對於那些戰役所寫的書，以及對游擊戰理論的分析，在上一次大戰中曾被許多特種作戰單位和抵抗運動的領導者當作一種「指南」來看待。但我卻開始感到疑惑，不是對它眼前的功效，而是對游擊戰的長期效果。作為土耳其的承繼人，英國在勞倫斯所散佈的「阿拉伯叛變」種子的同一地區中，也同樣遭到層出不窮的麻煩，此情形就像一條線一樣的連貫著。

如在一個世紀之後，再檢討半島戰爭的戰史，[17] 以及對該場戰爭後的西班牙歷史加以反省，則會使得對許多疑惑更為加深。在那次戰爭中，拿破崙雖然擊敗了西班牙的正規軍，但取而代之的游擊隊所獲得的成功，卻足以抵消正規軍的失敗有餘。此種對抗外來征服者的人民起義，半島戰爭算是最有效的記錄之一。就以拿破崙放鬆對西班牙的控制和破壞其權力的基礎而言，其貢獻是遠超過威靈頓的勝利。但它對於解放後的西班牙並不能帶來和平。在以後的半個世紀，武裝革命成為一種連續不斷爆發的流行病，在二十世紀這又再度爆發了起來。

現在從歷史的經驗中學習還不太遲。無論使用類似的反抗行動，來答覆我們對手的「隱藏的戰爭」活動，其在觀念上是如何的具有誘惑性。比較明智的做法，還是應該發明和追求一種比較精細又有遠見的對抗策略。

世界秩序的問題
The Problem of World Order

要想預防戰爭，最顯明的解答就是建立一個世界聯邦。所有國家都同意把他們的絕對主權交給它——目前每個國家都認為在所有一切國家事務上，它都是其本身政策最後的主宰者，而在任何影響其利益的衝突中也是如此。換言之，必須要放棄這樣的權力要求。

不管理想主義者對此將會感到如何的遺憾，但歷史經驗告訴我們，若相信真正進步，以及使進步成為可能的自由，依賴「統一」行事是不可靠的。因為如果統一能夠建立思想的一致，則結果往往就會窒息新思維的成長。又如果統一所帶來的是人工性或強制性的一致，所引發的反感最終會導致崩潰。

生命是發源於思想的分歧——只要能互相容忍，則也就足以產生真正

17 譯註：指一八〇八年，拿破崙攻佔西班牙之戰。

的進步；而此種容忍又是以下述的認識為基礎，即知道企圖抑制意見上的差異，要比接受此種差異的結果更要壞。因為這個原因，那種使進步具有可能性的和平，最好是由一種力量平衡所造成的相互克制為保證——在國內政治和國際關係中都是如此。在國際領域中，只要平衡能夠保持，則「均勢」也就是一種合理的理論。但是由於「均勢」，或如現在所說的「恐怖平衡」，是時常會發生不均衡，於是也就足以造成戰爭，遂產生了一種尋求較穩定解決的迫切願望——不是採取合併就是採取「聯邦」的方式。

聯邦是一種比較有希望的方法，因為它代表一種有機的合作原則，而統一所代表的卻是一種壟斷的原則。任何權力的壟斷也就一再構成某種歷史真理的證明，這可以用艾克頓勛爵的名言來代表：「所有一切權力都腐化，而絕對的權力則造成絕對的腐化。」從這裡可以看到，即使是聯邦體制也不見得可以免除於權力腐化的危險。因此應該特別注意，以確保導正這種在體制上統一的天然性影響所必需的相互制衡因素的存在。

在一連串的大組織中，能夠維持不同民族之間的和平，聯邦的方式是曾經得到有效證明的。每當採取此種制度時，都能經得起危機的考驗。雖然美利堅合眾國的成功是一個最常為人所引述的證據，但在某些方面，瑞士聯邦更是一個顯著的案例。不過，令人感到惋惜的是，世界聯邦的理想在短時間之內，顯然還是沒有實現的機會。

世界信仰的問題
The Problem of World Faith

作為我們自己這個時代的一名史學家，我曾經有太多的機會可以看到神話如何從活人的周圍發生——就如同任何領袖或先知者的言行，如何的被毫無事實根據的故事所包圍的那樣。他們所激發的個人崇拜愈大，則這種外殼也愈厚。在近代已經有許多發現事實的核對辦法時尚且如此，那麼在一個歷史意識尚未發達和缺乏核對考證的時代，情況就更可想而知了。

進一步說，作為一個古代史的學生，我又深知即使在古代世界的歷史作家中，也還是不太重視對事實一絲不苟忠誠的觀念。他們之中大多數都只重視新教訓的提出。雖然歷史事實的嚴謹性對他們而言是一種新觀念，但對於宗教教師來說，則似乎完全不相干。福音的編撰是為了當作宗教教育和崇信的基礎——而不是為了歷史服務。就目標而言，那是一種本質性的差異，所以不容忽視。

現存最古老的《聖經》福音手抄本是出自第四世紀的。那是已經抄過多少遍的抄本，在如此長久的階段中，任何抄錄者都可能改變原文，以求適應他們那個時代的宗教觀念。聖經學者僅僅只是根據傳統，遂斷言最早的福音原始手抄本是出現於公元第一世紀的下半葉。假使他們的推論是正確的——實際上只能算是推測——則我們也還是無法知道在接下來的三百年內，內容又經過多少次的改變——在這個階段，教會內部就曾有多次的爭論和分裂。

即令根據最樂觀的估計，也至少在一代人的時間內，基督門徒的回憶錄還是要憑言語來流傳——在那樣長的時間，也就足夠容許任何記憶受到情感和事後環境的渲染而改變。因為我們必須記著，那些門徒在宣揚他們的信仰時，是面對著懷疑和反對的勢力。假如說他們沒有「改進」其宗師的言行，以來應付批評和便於說教的趨勢，實在有點不合情理。

同時基督教條本身也在演變之中，所以也自然會影響到其教科書。有想法的人今天仍持續相信，兩千年前在近東、羅馬世界極端迷信的氛圍中，發展出同一個神話和同樣教條，對於這種情形我固然可以諒解，但卻認為是極端不合理。這種信條的產生，是受到極為驚人的政治「幕後操縱」的結果，而且也受到兩位輕信和迷信的羅馬皇帝專制權力支配。他們主要關心的事情就是想獲得最佳的「魔術」，以實現其權力的野心。

在和善良性格的人們來往時，我發現如果他是一位虔誠和正統的基督教徒，則他所說的話反而會不如一位非教徒那樣可以信賴。一個好人如果也是好教徒的話，他很可能會把真理列在其所認為是良好的東西之下。那是毫不足怪的，因為任何對於真理有敏銳識別能力的人，會很難吞下那些被認為是歷史事實的神話。因此，狂熱的信仰似乎足以使人喪失敏感，以至達到輕信的程度。

許多基督教學者，一方面承認耶穌的歷史已不可能加以考證，但另一方面對於福音中的敘述又有信以為真的傾向。這可以證明他們對不同程度的真理缺乏敏感度。

由於在歷史上過份重視基督教義，教會也已經替自己製造，而且仍在繼續的製造不需要的和無止境的困難。假使教會願意把基督故事只當作一種「精神性的真理」來宣揚，則這些困難也都可以一一克服，而其進步也就可獲致較佳的保證。因為這樣它可以帶來更多的啟示和進化的意識，教人類向前看而不向後看，關於後一點（即教人類向後看），教會也許已經做得太過頭了。

如果把《舊約》當作一種對宗教思想演進的標準來看待，則還是頗有趣味和價值。作為一種宗教的解釋，編入我們的禮拜儀式之內，則它大部份都是野蠻的和低劣的。甚至《新約》中對上帝（神）的表現，也時常落在善良的標準之下。

要想建立一種包括事實記載的信條，則歷史的沙粒實為不確實的基礎。我們可以把概括的結論放在這些沙粒上，但如果我們把信仰寄托在細節上，則它們必然會被不間斷的知識海浪所沖刷，於是信仰也會隨之碎裂。假使我們以廣泛的經驗與真理為基礎，則我們也就比較易於感受，和吸入在良知地平線之上游動的精神。那也就是生命的氣息。

我可以非常簡單的說，我是如何發現神的證據是可以用理性來解釋。在這樣一個罪惡滋長和自私顯然有利的世界中，一種不合於世俗的善良潮流卻仍能維持，而且也證明出那是不可抑制的。從「人的」標準而言，自我犧牲和為幫助他人而犧牲自己都是毫無意義。但是此種不自私的動機卻在無數例證中表現出來。除了認定是存有一種較高階的靈性來源以外，又還可以怎樣解釋呢？

人們在最好的一面也不過是像一面窗戶，有一道光線從那裡照入，那不是他們自己所製造的，而好像是一種精神的日光。又或者換一種說法，他們只是一種特別的收報機，是能適應靈性式「無線電」發報機的波長。他們可以改進其接受的能力。但他們知道來源是外在的，遠超過他們的知覺之外嗎？

所有這一切，不過是用一種近代化的方式，以表達「超越人類理解之外的真理」，而那些福音的編撰者，卻嘗試形容「聖靈」的下降是像一隻鴿子一樣。人類所畫的神「像」雖然各有不同；但他的靈性是常在的。神的理想和信仰的形式，是自然會產生差異和改變的。因為這些都是在我們的「心靈」中發展出來的。而我們的有限性人類心靈是不能了解祂（神）的無限心靈。但我們卻可以比較不困難的感受到上帝，因為我們毋需構想什麼東西，那是我們在思考中所必需的。所以他的精神可以用一種較直接方式和我們接觸，於是我們就可以從祂那邊取得這些純潔的氣息。

我相信有誰給予我們以心靈來供思考之用，在世俗與神話的後面去尋求真理。我「願意這樣的」，以為此種贈與是出自一個「人格化的神」，這是照這個名詞的最深意識來解釋，並且認為相信此種創造力的來源是一種較高階形式的人格，要比認為它是一種純粹盲目的唯物主義，似乎更為合理。

神給與我們以心靈是為了應用，而最佳的應用似乎即為宗教性的思想。但是我們應謙恭的承認，那可能是有不同的途徑，並且對所有其他同樣路途上的旅人表示同情。在宗教教條和歷史中所產生的困難，經常會驅使有想法的人進入一種無信仰的狀況。但就我個人而言，我卻發現如果人能記著那些教條和歷史，都是人類解釋者所編撰的，而人又是必然會犯錯的，則那些困難也就自然會趨於消滅。

只要能有這樣的認識，儘管科學和歷史證明出它們的記載中有許多並非真實，那也還是無傷大雅。主要的素質是「精神真理」，而不是物質事實。假使我們認為聖經並非一種世俗意識的歷史記錄，而是一種大規模的「天意寓言」，對於這些記載的懷疑也就變得毫不重要了。教會害怕如果《創世紀》被證明是不正確的，那麼信仰也就經不起這樣的考驗。但由於不願意承認此種可能性，結果使得人們對教會本身的信仰所受的動搖，更有甚於對宗教的信仰。現在回想起來，似乎是畏懼過度，而辯論則可笑。但今天還是有人同樣害怕承認新約中的大部份也很可能只是一些無稽之談。

假使我們自認是信仰「聖靈」，則在此種宗教觀念的演進過程中，也還是有足夠的信心來作為指導。當我研究得愈深和想得愈多時，我也就愈感覺到所有一切偉大的宗教和哲學思想，在其最高階段都有「殊途同歸」的趨勢，請注意這與「完全符合」的意義不同。用另外一種說法來表示，照我看來，整個人類的心靈發展似乎像一座金字塔，又或是像一座山峰。

當愈向高處爬時，則一切的仰角也就愈朝一點集中。

一方面這種殊途同歸的趨勢，以及在較高階層所體現的顯著同意程度，使我認為這就是出自經驗最強有力辨論的理由，足以證明道德是絕對而不僅是相對的，和宗教信仰並非一種妄想。另一方面，我又認為，這對人能繼續進步，提供了一個最讓人感到激勵的保證——不過其條件是所有追求心靈上的真理的人，應能認清他們在心靈上的共同性，並學會如何儘量利用大家所都同意之點，而不再頑固的強調他們的差異和排他性。

要想達成這樣一種大同盟，困難當然極為顯著，而人類文明所面臨的危險卻已迫不及待。時間已經很急迫。所以若是希望宗教復活（即使就此種較廣泛的意識而言）以挽救人類的浩劫，那似乎只是一種不切實際的幻想。同時，我們又必須記住，只有對少數人，宗教才是一種強烈的精神力量。而對多數人來說，它的影響主要是在作為一種思想和行為的模式而已。但是作上述的這種反省，卻還是帶來了一線合理的希望。在思想行為中所作的部份性改變，其意義雖不夠算是一種心靈轉變，但它卻足以替人類獲致一種喘息的空間，好讓他們恢復平衡，也好讓宗教可以獲得較深入的發展依據。

歷史證明這種溫和的希望是合理的。西方文明曾經歷過兩次因為一種以道德價值為基礎的規律之復活而得救。使歐洲得以脫離黑暗時代者，騎士精神的崇拜與教會的努力具有同樣的貢獻。第二次是在十七世紀的殘酷戰爭之後。那些戰爭是在教會分裂，受到宗教怒火所引發的暴力。一種由於對致命後果的認識出現，並產生了節制的習慣。

在世界的另一面（即東方），自從公元前六世紀起即已認清此一相同的真理，還更系統化的應用。自從那個時代起，孔子和他的門生就致力於拯救中國的文明，並用一種「禮」來使其獲得空前悠久的新生命。西方對於孔子的智慧實應多加學習。孔子是同時強調培養良好的習慣——和良好的心靈。孔氏之學在重視良好態度與良好道德（禮與義）之間，具有密切的相互關係。

一定有人認為態度（禮儀）只是表面性的修飾，但這是一種皮毛之見。禮是發源於對內在的控制。在今天的世界上，迫切需要重新認識其重要性，而禮的復活也許即為文明的救星。因為只有深入人類意識之中的禮貌——為彼此的安全而相互自制——才能控制由於政治和社會問題而大發脾氣的危險。在核子時代中，這種怒火的爆發即足以導致發生相互毀滅。

基督教教義是強調「心靈改變」的需要，因此對於「習慣改變」的價值遂不免有低估的傾向。對於心靈而言，暫時的改變固然比較容易，但一種徹底和永久性的改變卻遠較困難。由於要求如此完全的改變，基督教對其一般信徒所作的要求，遠超過其能力範圍之外。情緒的衝動是經常被誤認為是心靈的轉變而獲得檢查通過。只要信仰能夠維持，教會對於細微的實效也就感到心滿意足。在這種情況下，改變的可能性往往會為了保護「理想」的狀態而被忽視。

孔門之學就人道而言是比較明智的。比之基督教義，它對於下述經驗真理具有較好的認識和應用。這種真理也可以用亞里斯多德所作的觀察來作扼要的表達：「藉由反覆進行某種特定行為，人們即可獲得某種人格上的特質。」而在同時，中國人本身卻又似乎感覺到孔子之教「還不夠」，於是對佛家和道家的追求也就時常與孔氏之學融合貫通。它們可以提供一種人類所需，更為接近靈性的元素。

西方傾向於強調積極的美德，「若欲人施之於己，則應先施之於人。」東方人則重視消極的道德，「己所不欲，勿施於人。」積極與消極都是必要的。在應用「中庸之道」時，世界需要一種較好的平衡，而那也正是所有宗教所共通的。對實現上帝的目標，所有的信仰都可以做出他們的貢獻。

結語

Conclusions

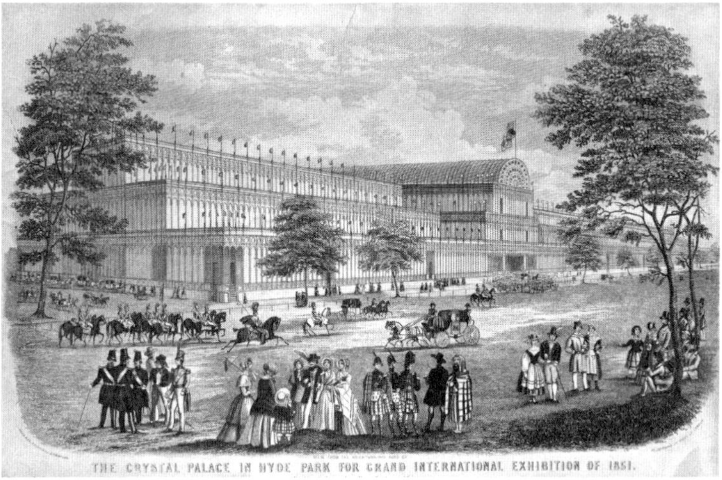

代表當代建築與工業水準的水晶宮。

十九世紀的人們，對人類未來的進步是充滿了樂觀的想法，在今日視之，那似乎是十分奇怪的一件事。一八五一年當倫敦的萬國博覽會在水晶宮開幕時，這種樂觀心理可以說達到了最高峰，而那次博覽會也被定位為一個黃金時代的開始——科學和技術的進步將保證日益擴大的和平與繁榮。那個美夢已經變成夢魘。但那並不是沒有理由的，因為所有一切足以使夢想兌現的物質條件，在那時的發展都已超過預期——儘管擁有這種潛力，卻被這個新時代的人們引入歧途，而把它們大部份用於毀滅的途徑。其原因和後果也許可以用一句老話來加以描述：「住在玻璃屋內的人不應亂扔石頭。」[1]

當他們的光明前途，尚未在瘋狂的相互毀滅之下，被破壞到不能修復的程度之前，人們能否學會了那個教訓呢？最佳的機會也許是：一方面應

1 譯註：水晶宮是一座原建在倫敦海德公園內，後遷至肯特郡，以鋼鐵為骨架、玻璃為主要建材的建築，共使用了相當於八萬四千平方公尺的玻璃作為外牆。在當時是可以視為英國在工業革命時代的代表性建築。水晶宮於一九三六年十一月三十日的一場夜火中焚毀。

該對近代戰爭的發展作深入的了解，另一方面則是要認清使人們對戰爭失去了控制是大家的責任的這一回事。科技工具的發展已經超越了心靈的成長。

在過去一百年，科學和技術使物質條件和生活工具所產生的變化，遠遠超越過去二千年的總和。但當人類把如此巨大的新力量用之於戰爭的目的時，他們在使用態度上的那種肆無忌憚，還是像他們的祖先使用原始工具時的模樣完全一樣，而且也追求同樣傳統的目標，從未考慮到工具在效益上的差異。沒有錯，近代國家的政府在戰爭中大都從不考慮戰後的結果，而過去的政治家反而比較睿智，能夠把此種考慮經常擺在心裡——此種考慮在十八世紀也曾導致一種對戰爭方法的自我限制。近代國家則已退回到了原始化的那一個極端——與僅僅裝備有刀矛的野蠻民族之間的戰爭頗為類似——但又已經擁有科學所賜與的長程大規模毀滅性武器。

在「只問目的、不擇手段」的方便理念中，戰爭細菌也就可以找到了焦點。每個新世代都重複作這種辯論——而後代卻都有理由說，前人所追求的目標都不足以當做不擇手段的理由。假使說歷史是應能提供明確教訓的話，那就是壞的手段會使目的變形，或是使其方向發生偏差。我在此又想提出一條推論，就是如果我們能夠注意手段，則目的也自然會雖不中亦不遠矣。

對於某種特殊工具（手段）所具備的狂熱信心，就其對其他工具關係中的實際價值而言，那也許是有理由的；但作為對目標的貢獻，如果此種工具不存在，也許價值會更高，所以就對目標的貢獻而言，這種信心又是錯誤的。我們可以舉例如下：那些在第一次世界大戰後，認為戰車是關鍵要素的英國軍人，已經由第二次世界大戰的經驗中證明了他們是對的——尤其是那些主張戰車是在一種「包含各兵種的組織中居於主要地位」，而非一種「可單打獨鬥，無需其他兵種配合」的人更是完全正確。但同時他們也認清：如果全面取消戰車，則平均算來還是對愛好和平的國家比較有利。因為任何攻勢潛力的挫折，都對守勢有利，如此又能進一步促進和平的希望。

真理是一個螺旋形的樓梯。在某一個水平上看來是真實的東西，到了次一較高的水平可能就不那麼真實了。要達到全面性的觀察應同時從縱、橫兩個方面向上延伸——不應只看到各部份之間的關係，還要包括所有不同的平面。

沿著螺旋上升，可以看到個人安全是隨著社會成長而增加，當與較廣大的組織面發生連繫時，局部性的安全也會增加。當民族主義消退時，國家安全反而會獲得提升。若每個國家願意放棄主權要求和併入超國家團體，則國家安全也更能大幅提升。每當科學在縮減空間和時間的努力上前進一步時，也愈強調政治結合和共同道德的需要。核子時代的來臨，使這種發展變得尤其重要和迫切。為了達到此種目的，同時又需要有精神層面和心靈層面的配套。

除了不擇手段追求目標之外，第二件無益之事，即為企圖用強迫手段追求進步。歷史證明，如此做法是經常會引起反作用的。同時歷史也指出一個較為確實可靠的方法是，激發和擴散進步的觀念——提供一種引導人類前進的光明，而不是一種以驅趕他們為目的的鞭策。對思想的影響是歷史中最能發揮影響力的因素，但因為它不像行動效力那樣顯著，所以也就比較不為人注意——甚至於連歷史作者也是如此。大家都能認清所有一切人類的進步均應歸功於人類的思維能力，但卻很少有人知道思想對歷史的影響，不亞於顯赫的行動。從一種比例意識上來看，在人類思想領域中，一個最小的永久性擴大，比起任何物質建設、國家的征服、或領導運動等都還偉大，因為物質建設會毀壞，國家會崩潰，任何運動最後也都會產生反作用。

在心靈空間的征服過程中，值得重視的是步步為營的前進。就一種思想的傳播和持久而言，其創始者必須依賴「收報機」和「發報機」的自我發展——其依賴的程度遠超過行動的發起者與其執行者之間的關係。在物質領域中，屈服可以代替合作，這樣雖然較次一等、卻能產生有效的行動。但思想的進步，如果那是一種真正的進步，則必須有賴於高度的合作，而且也是一種較高層級的合作。

在這個領域中領袖也許仍屬必要，但其方式卻不是抑制個性和思想的矛盾，以便把個人融合成為群眾。他所提供的領導只具有照明引路的效力，並與個性的發揚和思想的擴張成正比。對於集體行動而言，只要群眾是可以管理的也就夠了；但集體成長卻必須透過個人心靈的自由和擴大，然後始有這種可能。值得重視的不是人，更不是群眾，而是「許多人」。

一旦每一個人在幫助或妨礙進步時的重要性被認清之後，歷史中所包含的經驗不僅具有政治價值，而且還有個人價值。作為一種對人生的指導，個人從歷史中又可以學到一些什麼？我認為至少包括：第一，不是所要作為的、而是所想達到的，以及在努力追求的過程中所應避免的；第二，行為合於禮義的重要性和內在價值；第三，明察的重要性，而自知之明也同樣重要。

用明眼去正視人生——想要看到真理，並能潔身自好。追求生活中的佳境時，做每一件事時都應考量到其他人，這不但說是一種抱負的展現，而且是崇高的抱負。僅當一個人朝著這個目標前進時，才會了解所需要的努力是何其巨大，所要走的距離是何其遙遠。

很奇怪的是，為何人們會假定在追求真理是不需經過訓練就可以達成的？而更奇怪的是，某些人一方面高談決定何者為真理的困難，另一方面也還是會作這樣的假定。我們應該認清為了此種追求，任何人所需要的注意力和訓練能量，至少是相當於一位拳擊選手或馬拉松選手所必備的那樣。他必須學會使他的「思維」超越一切欲望、利益、同情和反感之上——就好像是要把他自己一切多餘的細胞組織都加以剔除。為了滿足個人需求的安逸和自我的保護，所有人類都會有累積此種不真實「細胞組織」的傾向。他必須保持強健，而且還要日益強健。換言之，他必須忠於其所目睹到的光明。

人們也許已經認清這個世界是一個無情或混亂的競技場，但假使他已經看到禮義和仁愛的簡單原則若能普遍應用，則對任何人都更有益處，而且他也會就此真誠地身體力行，並且宛如是生活在那些原則已經普遍實現的環境之中一樣。換言之，他應跟隨其所目睹到的光明。

不過，因為他將隨著它通過這個無情或混亂的競技場；所以，他必須在內心緊記著一個大約兩千年前所提供的崇高而又實用的指導：「我差你們去，如同羊進入狼群；所以你們要靈巧像蛇，馴良像鴿子。」[2]

2 譯註：出自《馬太福音》10：16，Behold, I send you forth as sheep in the midst of wolves: be ye therefore wise as serpents, and harmless as doves。

Vilna 維爾紐斯

專有名詞

academic historian 學院派史學家
Authoritarianism 威權主義
Boomerang 迴力鏢
British Expeditionary Force, BEF 英國遠征軍
Code of Chivalry 騎士精神
Continental system 大陸系統
Cynicism 犬儒主義
Dark Age 歐洲黑暗時代
Determinant 決定主義者
Dueling 決鬥
Franks 法蘭克人
Gordian knot 戈第亞結
irregular warfare 非正規戰爭
judicial combat 決鬥裁判
Pax Dei 上帝和平
Pax Romana 羅馬和平
Pure documentary history 文件性的歷史
Saxons 撒克遜人
subversive war 顛覆戰
total warfare 總體戰
Treuga Deri 上帝休戰期
truce of God 上帝休戰
World Disarmament Conference 世界裁軍會議

Dundonald 鄧多納德
Ulysses S. Grant 格蘭特
Wilhelm II, German Emperor 威廉二世
William E. Gladstone 格萊斯頓
William of Normandy 諾曼第的威廉
William Stubbs 徒布斯
William Tecumseh Sherman 薛曼
Winston Churchill 邱吉爾

書名、報紙、劇本、條約

The Revolution in Warfare 《戰爭的革命》
The Defense of the West 《西方的防禦》
Deterrent or Defense 《嚇阻或防禦》
Strategy: The Indirect Approach 《戰略論：間接路線》
A History of the English People 《英國人的歷史》
The Westminster Gazette 《西敏公報》
The Times 《泰晤士報》
Partial Test Ban Treaty, PTBT 《核子禁試條約》
De l'esprit des lois 《論法的精神》
On War 《戰爭論》
Seven Pillars of Wisdom 《智慧七柱》
Major Barbara 《巴巴拉少校》
Gallic War 《高盧戰記》

地名

Alsace-Lorraine 亞爾薩斯-洛林
Beresina 別列津納河
Boer Republics 波爾共和國
Crystal Palace 水晶宮
Danzig 但澤市
Dover 多佛
Dunkirk 敦克爾克
Flanders 法蘭德斯平原
Hastings 哈斯丁
Lung Ming Academy 龍門學院
Niemen 尼門河
Passchendaele 巴斯青達
Pont de Jena 耶納橋
Pripet Marshes 普里皮特沼地
Rubicon 盧比孔河
Smolensk 斯摩棱斯克
Smorgoni 斯莫爾貢
Toulon 土倫

Horatio Nelson 納爾遜
J. A. Spender 斯彭德
J. C. C. Davidson 戴維森
J. F. C. Fuller 富勒
Jacob Burckhardt 布克哈特
James Wolfe 伍爾夫
Jan Gotlib Bloch 布羅赫
John Buchan 布強
John Dalberg-Acton, 1st Baron Acton 艾克頓勛爵
John French 約翰・弗倫奇
John Richard Green 格林
Joseph E. Johnston 詹斯頓
Joseph Joffre 霞飛
Josip Broz Tito 狄托
Karl I 奧匈帝王卡爾一世
King Edward VII 英王愛德華七世
King George V 英王喬治五世
Lawrence of Arabia 阿拉伯的勞倫斯
Leopold von Ranke 蘭克
Lloyd George 勞合・喬治
Lord Beaverbrook, William Maxwell Aitlcen 比費勃羅克勛爵
Lord Christopher Thomson 湯姆森勛爵
Lord Esher, Reginald Baliol Brett 艾希爾勛爵
Machiavelli 馬基維利
Major Desmond Morton 莫爾頓少校
Max Hoffmann 馬克斯・霍夫曼將軍
Montesquien 孟德斯鳩
Neville Chamberlain 張伯倫
Paul von Hindenburg 興登堡
Philip Kerr, Lord Lothian 羅希安勛爵
Plato 柏拉圖
Polybius 波里比亞斯
Pontius Pilate 彼拉多
Queen Victoria 維多利亞女王
Ramsay MacDonald 麥唐納
Raymond Poincaré 雷蒙・普恩加萊
Robert E. Lee 羅伯・李將軍
Robert Stewart, Viscount Castlereagh 卡斯爾雷
Sidney Sonnino 桑尼諾
Sinclair Lewis 辛克萊劉易士
Sir George Milne 米爾尼
Sir Horace Wilson 威爾遜爵士
Stanley Baldwin 鮑爾溫
Thomas Cochrane, 10th Earl of

中英對照

人名

Adrian J. Liddell Hart 亞德里安・李德哈特
Alexandre Ribot 亞歷山大・里博
Archduke Franz Ferdinand 菲迪南大公爵
Aristide Briand 白里安
Aristotle 亞里斯多德
Armand Mayer 梅葉上尉
Armand-Augustin-Louis de Caulaincourt 考蘭柯特
Arthur Wellesley, 1st Duke of Wellington 威靈頓公爵
Bertrand Russell 羅素
Brendan Bracken 布拉肯
Calvin Coolidge 柯立芝
Carl von Clausewitz 克勞塞維茲
Charles Maurice Talleyrand 塔列宏
Che Guevara 切格瓦拉
Dame Cicely Veronica Wedgwood 韋奇伍德
Douglas Haig 海格
Edward M. House 豪斯
Erich Ludendorff 魯登道夫
Erich von Falkenhayn 法爾根漢
Fidel Castro 卡斯楚
Field Marshal William Edmund Ironside 艾崙賽元帥
Field Marshal Sir Archibald Montgomery- Massingberd 阿奇博德元帥
Frederick Lindemann, Lord Cherwell 林德曼教授
Gebhard Leberecht von Blücher 蒲留歇
General Sir James Edward Edmonds 艾德蒙將軍
George Bernard Shaw 蕭伯納
George Orwell 喬治奧威爾
Gilbert Murray 毛雷
Harry Hopkins 霍布金斯
Henry Adams 亨利亞當斯
Herbert Von Bismarck 俾斯麥

人類何以陷入戰爭：李德哈特的歷史哲學

WHY DON'T WE LEARN FROM HISTORY?

作者　李德哈特（Sir B. H. Liddell Hart）
譯者　鈕先鍾
審定　揭仲
責任編輯　區肇威
企劃　蔡慧華
封面設計　莊謹銘
內頁排版　宸遠彩藝

出版發行　八旗文化／遠足文化事業股份有限公司
地址　新北市民權路 108-2 號 9 樓
電話　02-22181417
傳真　02-22188057
客服專線　0800-221029
信箱　gusa0601@gmail.com
Facebook　facebook.com/gusapublishing
Blog　gusapublishing.blogspot.com
法律顧問　華洋法律事務所／蘇文生律師
印刷　成陽印刷股份有限公司
出版日期　二〇一九年三月／初版一刷
　　　　　二〇二三年六月／初版四刷
定價／三六〇元

人類何以陷入戰爭：李德哈特的歷史哲學 / 李德哈特 (B. H. Liddell Hart) 作；鈕先鍾譯. -- 初版. -- 新北市：八旗文化, 遠足文化, 2019.03
216 面；14.8 × 19.5 公分
譯自：Why don't we learn from history?
ISBN 978-957-8654-51-8（平裝）

1. 歷史哲學

601.4 108001167